KB115492

고인돌과 출토유물의
사람형상

고인돌과 출토유물의 사람형상 上

발행일	2020년 6월 20일

지은이	유자심
펴낸이	유영미
펴낸곳	인왕출판사
출판등록	2015-000335
주소	서울시 마포구 상암산로 1길 24, 404동 1001호
전화번호	02-308-2356　　　　　　　　　　팩스　02-308-2356

ISBN	979-11-956665-4-6 03910

고인돌과 출토유물의 사람형상 上

유자심 지음

인왕출판사

머리말

인터넷에서 보니 세상에는 뚜렷한 사람 형태의 자연 바위가 많다. 그런데 그것이 아무리 뚜렷해도 사람이 한 것이 증명되지 않는 한 이를 자연 현상으로 본다. 자연 바위에 나타난 뚜렷한 인물 형태는 그 수가 많은 것이 오히려 인위적이 아닌 자연 현상이란 증거가 되고 있다.

반대로 사람이 한 것이 증명되는 현대의 조각상이 매우 기괴하거나 특이해 사람 형태를 벗어나도 이를 인물상으로 받아들인다.

고인돌이 필수적인 이유가 바로 여기에 있다. 사람이 행한 것이 분명한 고인돌에 형상이 나타나 있다면, 사람이 바위에 형상을 새길 수 있었으며, 실제로 새기고 있음이 증명되기 때문이다.

지금까지의 고인돌 연구는 무덤의 관점에서 매장 유물의 발굴과 분석·보존에 치중해 왔다. 바위 자체에 대한 연구는 크기와 무게를 추정하고, 암석의 성분을 분석하는 외에 별다른 연구가 없었다. 다수의 고인돌이 축조에 알맞게 밑면이 반듯하게 깎이거나 형태를 다듬었으므로, 바위를 어떻게 다듬었는지에 대한 연구가 반드시 따라야 할 것인데, 이에 대한 연구는 거의 전무하다시피하다. 쇠가 없는 시대로 정의되므로 어떻게 다듬었는지 현재로선 설명이 불가능하기 때문일 것이다. 고인돌의 바위 표면이 자연 바위의 표면처럼 거칠고 자연스러우며, 자연 바위와 구분조차 어려워 더욱 접근이 불가하다.

바위를 어떻게 다듬었는지에 대해서는 알 수 없지만, 다양한 형태의 고인돌이 하나의 원칙하에 다듬어진 것으로 보이는데, 필자는 전작에서 고인돌이 생명을 표현하고 있음을 제시하였다. 즉 생명형상이 새겨져 있다는 것이다.

이후 답사가 진행되며, 생명형상 중에서도 사람형상이 뚜렷하게 새겨진 고인돌을 다수 발견하였다. 이 책에서는 뚜렷하게 사람형상이 새겨진 이들 고인돌을 분석하여 고인돌이 생명을 표현하고 있음을 입증하고자 한다.

고인돌이 생명을 표현하고 있다면, 고인돌에서 출토되는 유물은 어떠할까?
돌검·돌화살촉·반월형돌칼 등 석재 유물은 원시적으로 갈아서 제작하였고, 토기는 도자기 보다 낮은 온도에서 구운 것이어서, 문명 수준이 낮음을 상징하는 것으로 해석된다.
고인돌에 형상이 새겨짐은 고인돌이 발달한 문명의 소산임을 의미한다. 그렇다면 그 출토유물도 거기에 걸맞아야 한다는 점에서 모순된다. 유물에 대한 기존 이론이 잘못되었을 수 있는데, 유물의 실체에 대해 살펴보고, 유물에도 생명형상이 새겨져 있음을 밝혀 보고자 한다.

고인돌이 제작된 청동기 시대는 빗살무늬로 대표되는 신석기 시대와 연결돼 있으므로, 고인돌과 동시대의 유적지에서 출토된 유물뿐 아니라, 신석기 시대의 유물까지 함께 살펴보기로 한다.

고인돌과 출토유물에 새겨져 있는 사람형상을 통해 고인돌 시대와 신석기 시대가 고도로 발달한 문명의 시대였음이 증명될 것으로 판단된다.

1부
고인돌의 사람형상

1장

바위구멍의
형상

고인돌에 새겨진 바위구멍(성혈)은 그간 생산과 풍요, 자손 기원 등을 기원하는 주술적 의미가 담긴 것, 태양 숭배 사상을 표현한 것 등으로 해석되었는데, 정확한 의미는 밝혀지지 않았다고 한다.

바위구멍은 크기가 다양해서 지름이 10㎝에 이르기도 하고, 작아서 겨우 알아 볼 수 있는 것들이 무수하게 새겨져 있는 경우도 있다. 이렇게 작은 바위구멍들은 태양 숭배나 주술적 의미와도 어울리지 않아서, 바위구멍의 정확한 의미가 설명되지 않고 있는 듯하다.

왜 고인돌에 둥근 홈을 새겨 놓았을까? 바위구멍이 둥근 데서 그 단서를 찾을 수 있을 듯하다. 동물의 눈은 둥글다. 사람의 눈도 아주 둥글지는 않지만, 둥근 형태다. 바위구멍은 눈을 묘사하기에 적합해 보인다.

고인돌에 나타난 바위구멍이 생명형상, 특히 인물상을 표현하는 기능을 한다는 것을 살펴보기로 하자. 바위구멍은 고인돌을 어떤 기준으로 다듬었는지와, 고인돌의 실체가 무엇인지를 밝히는 단초가 된다.

1. 서울 자곡동고인돌

두 바위구멍에 물이 고여 눈을 나타내고, 아래쪽에 홈의 선을 그어 입을 표시한 인물상이 뚜렷하다.

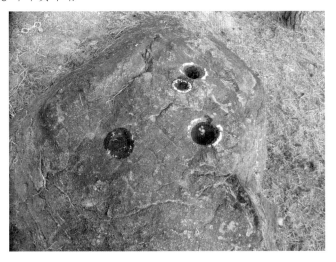

'고인돌사랑회' 사이트의 사진으로, 주변이 정리되기 전의 모습이다.

그런데 좌측의 바위구멍 주변으로 둥글게 물이 번져 있는데, 우측 바위구멍은 그렇지 않다. 같은 바위에 새겨진 인접한 두 구멍의 물 번짐의 차이는 우연한 것일까?

위쪽의 두 바위구멍도, 아래쪽에 선을 그어 입을 표시한 인물상의 눈을 나타낸다. 물이 번지지 않아, 물이 번지는 현상은 예외적임을 알 수 있다.

2. 함안 예곡리고인돌

비가 내린 후 바위 표면의 물이 마르고, 바위구멍에는 물이 고여 있는데, 구멍 밖까지 물이 번져 있다. 같은 고인돌의 다른 바위구멍들은 물이 번지지 않아, 서울 자곡동고인돌에서 봤던 현상과 같다. 물이 번진 것이 우연이 아닌 듯하다.

바위구멍이 형상의 눈을 이룬다.

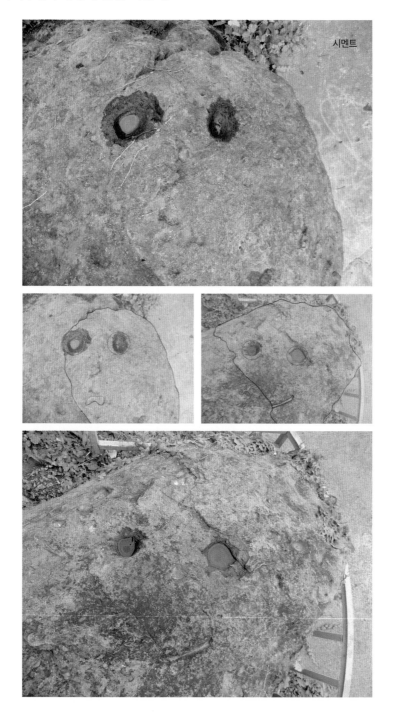

3. 옥천 오대리고인돌

옥천 선사공원에 옮겨져
있으며, 바위구멍이 다수 새
겨져 있다.

두 바위구멍이 눈을 나타내고, 홈으로 연결된 두 바위구멍이 입을 표시한다.

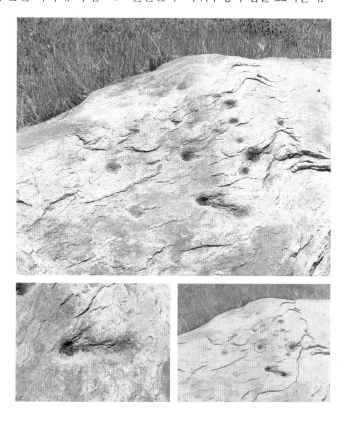

세 바위구멍이 두 눈과 입을 이룬다. 물을 부으니 좌측 눈을 나타내는 바위구멍의 물이 둥글게 주변으로 번진다. 비 온 후 주변이 마르며 나타난 현상이 아니고, 물을 부으니 나타난 현상이어서 바위구멍의 물 번짐은 우연이 아니며 의도적인 현상으로 추정된다.

두 바위구멍이 눈을 이루고, 인위적임이 분명하게 드러나는 볼록한 부분이 입을 표시한다. 형태적으로 불완전하나, 인물상을 표현하는 데 부족함이 없다.

4. 양평 앙덕리고인돌

연세대학교 박물관에 옮겨져 있는 양평 앙덕리고인돌을 살펴보자.

두 눈을 표시하는 것으로 보기에는 두 바위구멍의 크기 차이가 큰데, 물을 부으니 작은 바위구멍이 상대적으로 더 뚜렷해진다.

큰 구멍의 물은 주변으로 번지지 않았는데, 작은 구멍은 위로 구멍의 시작점까지 번져 더 뚜렷해진 것이다.

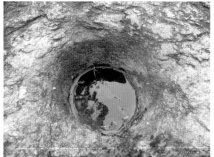

불규칙한 형태의 바위구멍이 형상의 눈을 이룬다. 바위의 형태를 다듬고 선으로 윤곽선을 나타냈다. 불규칙한 홈들이 같은 고인돌에 뚜렷한 바위구멍과 함께 나타남은 이들도 인위적으로 새겨진 바위구멍임을 증명한다.

5. 진주 남강댐 수몰지구고인돌

건국대학교 박물관에 옮겨져 있다. 비가 온 뒤 물이 고여 있고, 바위구멍의
물이 둥글게 번져 있다. 두 바위구멍이 눈을 나타내는 듯하다.

바위를 다듬어 형태를 이루고, 홈을 파 눈을 표시한 인물상이다. 홈이 바위구
멍과 동일한 역할을 함을 알 수 있다.

  고인 물이 번져 윤곽선을 이루는 두 인물상이 중첩돼 있다. 바위구멍이 두 눈을 이루는 위 형상의 입이, 아래 형상 코의 윤곽선을 나타낸다. 아래 형상은 세 바위구멍이 두 눈과 입을 이룬다.

  그런데 아래 형상의 눈을 나타내는 바위구멍에, 얕게 새겨진 선이 이어지고 있어 의문이다. 이는 바위구멍이 고인돌 조성 당시에 새겨졌음을 의미한다. 이에 대해서는 뒤에서 살펴보기로 한다.

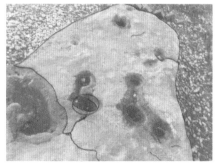
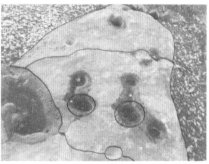

6. 보성 죽산리고인돌

순천고인돌공원에 옮겨져 있다. 두 바위구멍이 눈을 나타내는데, 같은 고인돌
에 나란히 파인 두 바위구멍의 바닥 색감이 다르다.

7. 주암댐 수몰지구고인돌

고려대학교 박물관에 옮겨져 있다. 바위구멍이 새겨져 양방향으로 인물상의 눈을 나타낸다.

우측의 형상으로, 우측을 돌아보는 인물상이 뚜렷하다.

8. 청주 문의 문화재단지의 고인돌

문의 문화재단지에 옮겨져 있는 청주 지역의 고인돌을 보자.

수산리고인돌

하나의 바위구멍이 새겨져 인물상의 눈을 나타낸다.

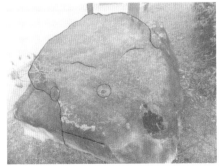

문의 아득이고인돌

고임돌 위에 두 개의 바위가 올려져 있는 특이한 형태다. 좌측의 큰 바위에는 바위구멍이 없고, 우측의 약간 낮은 바위 윗면에 많은 바위구멍이 뚜렷하다.

규모가 큰 두 바위구멍이 눈을 나타내고, 홈의 선을 그어 입을 표시한 인물상이다. 주변의 바위구멍들은 다른 방향에서 볼 때 형상을 나타내거나, 허수로 새겨진 듯하다.

바위구멍 안의 작은 돌들이 인물상의 눈동자처럼 보인다.

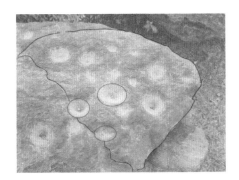

인물상의 윤곽선이 뚜렷하다. 바위구멍이 눈과 입을 표시한다.

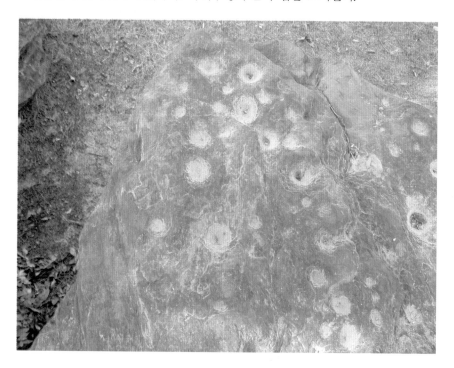

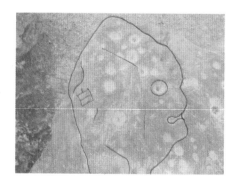

9. 연천 고인돌

연천고인돌공원에 옮겨져 있는 연천 지역의 고인돌을 살펴보자.

무등리고인돌

뚜렷한 바위구멍들이 눈을 나타낸다.

같은 두 바위구멍이 보는 각도와 빛에 따라 다른 형상을 나타낸다.

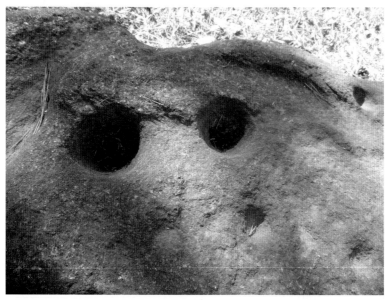

전체적 형태를 다듬어 윤곽을 이루고, 바위구멍에 언 둥근 형태의 얼음이 눈처럼 보인다.

뒤쪽의 바위구멍들을 무시하고 보면, 앞쪽의 큰 세 바위구멍이 두 눈과 입을 이룬다.

학담리2호고인돌

현무암의 바위구멍은 표면의 작은 구멍들 때문에 구분이 어렵다. 그러나 해가 비치면 명암이 뚜렷해진다.

한곳의 두 바위구멍을 다른 위치에서, 다른 시간에 바라보았다. 형태상 뚜렷하지 않지만, 이유 없이 팠을 리 없는 두 바위구멍을 두 눈으로 해석함이 가장 타당해 보인다.

학곡리2호고인돌

현무암에 새겨진 인물상이다. 큰 바위구멍이 장승의 튀어나온 왕방울 눈처럼 보인다.

진상리1호고인돌

규모가 크지 않은 고인돌에 크고 작은, 많은 수의 바위구멍이 복잡하게 새겨져 있다. 일렬로 새겨진 바위구멍이 선을 이루며 수직으로 교차하고 있고, 바위구멍들이 홈으로 연결된 것도 있어 분명한 의도를 지니고 새겼음을 알 수 있다.

몇 개의 바위구멍만 나타나 눈 등의 기능을 하는 것과 달리, 잘 보이지도 않는 작은 홈들도 무수히 새겨져 있어 보다 더 세밀하게 분석할 필요가 있다.

바위의 형태를 다듬어 윤곽선을 나타내고 바위구멍이 눈을 이룬다.

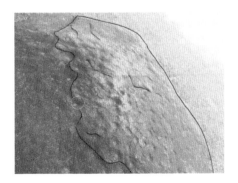

바위구멍이 두 눈과 입을 표시한다.

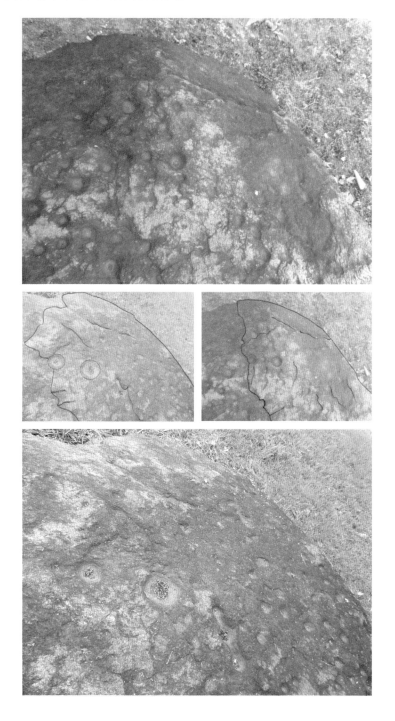

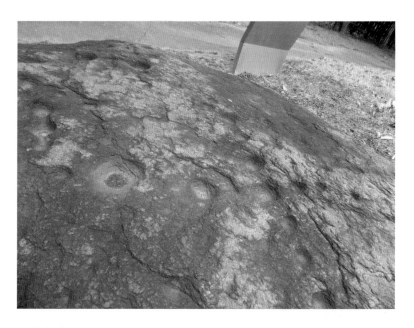

수직으로 교차하는 바위구멍들이 인물상의 눈·코·입을 표시한다.

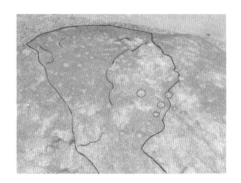

홈으로 이어진 세 바위구멍이 형상의 눈과 코, 입을 이룬다.

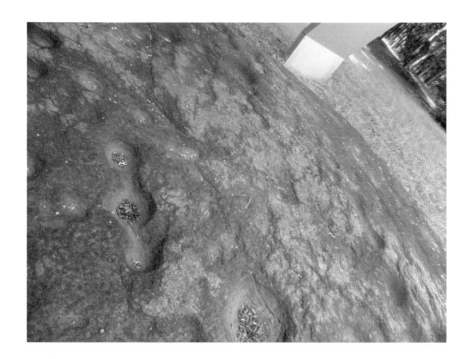

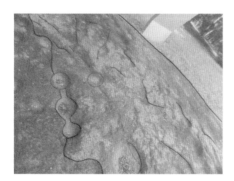

위의 홈으로 이어진 세 바위구멍이 형상의 코와 입의 윤곽선을 이룬다.
세 바위구멍이 연결되어 다양하게 인물상을 표현하는 기능을 함을 알 수 있다.

진상리2호고인돌

"지름 22㎝, 길이 17㎝ 되는 구멍을 비롯하여, 주변에 지름 6~8㎝, 깊이 2~4㎝ 정도 되는 구멍이 80여개 파여 있다(안내판)."

안내판에 큰 바위구멍의 지름이 22㎝로 되어 있으나, 12㎝를 오기한 듯하다. 큰 바위구멍과 작은 바위구멍, 때로는 구분이 어려운 불규칙한 형태의 소규모 바위구멍이 함께 새겨져 있어 뚜렷한 의도하에 바위구멍을 새겼음을 알 수 있다.

길쭉한 모양도 바위구멍의 한 형태임이 잘 나타난다. 바위구멍의 규모뿐만 아니라 형태도 다양함을 알 수 있다.

큰 바위구멍과 작은 바위구멍이 어울려 형상의 눈을 표시한다.

길쭉한 바위구멍이 윤곽선을 이룬다.

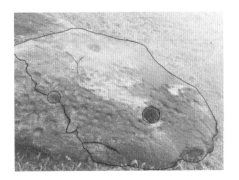

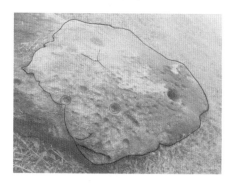

세 바위구멍이 인물상의 두 눈과 입을 표시하며, 큰 바위구멍이 형상의 윤곽선을 이룬다. 바위구멍이 형상의 윤곽선을 이루는 기능을 함이 잘 나타난다.

바위구멍이 두 눈과 코, 입의 윤곽선을 이룬다.

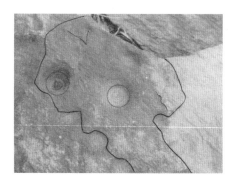

10. 이천 지석리고인돌

　많은 수의 작은 바위구멍이 새겨져 있다. 바위 표면을 인물상의 형태로 다듬었고, 바위구멍은 눈을 나타낸다. 바위구멍이 선을 이루어 머리카락 부분을 구분한다.

　작고 형태적으로도 뚜렷하지 않은 바위구멍들은 개별적으로 의미가 있다기보다 전체로 생명형상을 나타내거나 허수로 새긴 것으로 보인다.

위와 같은 방식으로 인물상을 새겼는데, 머리카락을 구분하는 선이 윤곽선을
이룬 다른 인물상이 뒷부분에 중첩돼 있다.

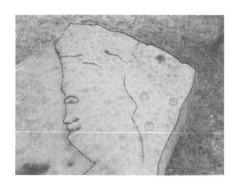

11. 제천 방흥리고인돌

충북대학교 박물관에 옮겨
져 있다.

비가 온 후 바위구멍에 물
이 가득 차 있다. 옆쪽 낮은
부분에도 물이 고여 있으며,
주변으로 넓게 번져 있다.

겨울에 바위구멍의 물이 언
모습이다. 가운데가 둥글게
솟아 있다.

바위구멍의 물이 얼어 흰빛의 얼음이 되니 형상의 눈 표시가 뚜렷해진다. 바위구멍이 눈을 이루고, 선으로 입과 윤곽선을 표시한 인물상이다.

12. 대전 비래동고인돌

2기의 고인돌이 놓여 있다.

1호고인돌
바위구멍이 눈을 표시함이 잘 드러난다.

비가 내리니 바위구멍에 물이 고인 모습으로, 눈을 표시함이 더 뚜렷하다.

위 바위구멍을 다른 방향에서 바라본 것으로, 바위구멍이 눈을 이룬 형상이 선명하다. 작은 바위구멍이 입을 이룬다.

바위구멍이 두 눈을 이루며, 주변을 다듬어 윤곽을 나타내 인물상을 표현했다. 인위적으로 두 바위구멍을 새긴 데는 분명한 이유가 있을 것이다. 주변 형태와 함께 뚜렷한 형상을 나타내는데, 이를 우연히 이루어졌다고 해석하는 것은 타당하지 않아 보인다.

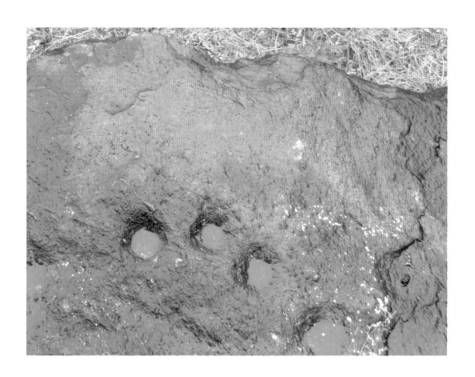

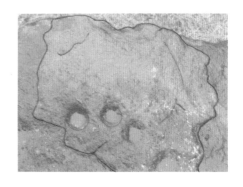

1호고인돌은 두 개의 바위가 합쳐져 있는 모습이다. 자연 상태의 두 바위를 이처럼 맞추기 어려우므로, 하나의 바위를 분리한 것으로 추정된다.

잘린 면이 기계칼로 자른 것과 다르며, 정이나 쐐기홈 자국도 없어 현대에 알 수 없는 도구나 방법으로 잘랐을 것으로 추정된다.

이처럼 하나의 바위를 잘라 놓은 고인돌들이 있는데, 이유가 있을 것이다.

분리된 형태를 이용해 다양한 형상을 표현했다. 우측 부분이 인물상의 형태를 이루고, 바위구멍이 눈을 표시한다.

분리된 부분이 윤곽선을 이루고, 바위구멍이 두 눈을 표시한 인물상이다.

정밀한 선을 그어 얼굴을 나타내고, 작은 바위구멍에 물이 고여 눈을 표시한
다. 분리된 바위가 몸을 나타낸다.

이 형상을 위에서 바라본 모습이다.

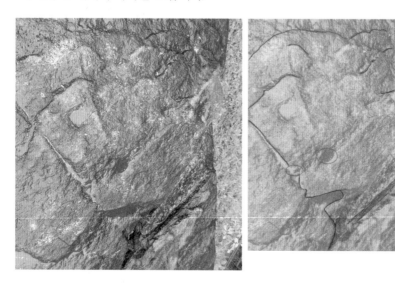

바위구멍에 고인 물이 두 눈과 코, 입, 턱을 표현한 인물상이다.

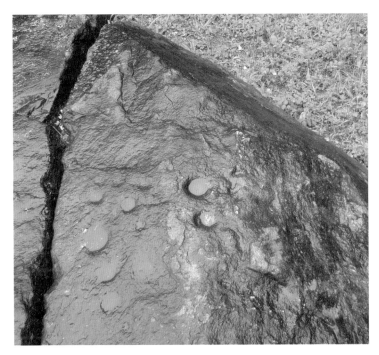

잘린 바위가 어울려 인물상을 나타낸다.
바위구멍이 눈을 이루며, 선을 그어 입을 표시했다.

2호고인돌

다수의 바위구멍이 깊게 파여 있다.

바위구멍이 두 눈을 이루며, 작은 바위구멍 두 개가 연결돼 입을 표시한다.

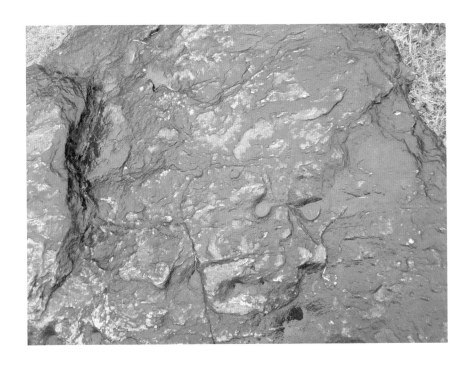

세 바위구멍이 눈과 입을 이룬다.

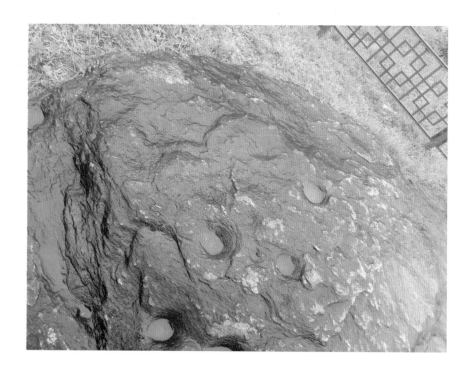

13. 용인 맹리고인돌

안내판의 내용을 보자.

"개석에는 오목한 성혈(性穴) 27개가 있는데 지름은 3~17㎝, 깊이는 1~7㎝로 크기가 다양하다. 성혈의 기능과 의미에 대해서는 채석(採石)의 흔적, 풍요와 다산의 상징, 별자리 표시 등 여러 가지 견해가 있는데, 아직 명확하게 밝혀지지 않고 있다."

지름이 3~17㎝라 하는데, 3~7㎝를 잘못 표기한 듯하다.

바위구멍(성혈)의 기능과 의미가 아직 명확하게 밝혀지지 않았다고 하는데, 앞에서 살펴보았듯이 생명형상을 표현하는 기능이 분명해졌다. 평면의 바위 면에 형상을 표현할 때, 홈으로 눈·입·코를 표시할 것인데, 바위구멍은 정교하게 파낸 홈의 일종으로서 생명형상을 표현하는 기능을 하는 것이다.

형태가 명확하지 않지만 맹리고인돌의 다음 두 바위구멍도 눈을 나타내는 것으로 해석하는 것이 타당해 보인다.

주변의 바위구멍처럼 매끄럽고 둥글지는 않지만, 홈이 눈을 표시하고, 선으로 인물상의 코와 윤곽선을 그렸다. 얕은 선이 입을 나타낸다. 홈도 바위구멍과 동일한 기능을 함이 입증된다.

고인돌을 조성하며 다듬은 고인돌 표면에 나타난, 서로 이어지며 사각형 형태를 이루는 선이 자연적으로 형성될 요인이 없다. 많은 바위구멍이 새겨져 무엇인가를 나타내고 있음을 감안하면, 선 또한 인위적으로 그어졌음이 분명하다.

맹리고인돌은 대전 비래동 1호고인돌처럼 두 개의 바위로 분리돼 있다.

두 개의 바위로 갈라진 틈이 눈을 나타낸다. 전체적인 형태를 유선형으로 다 듬고, 선으로 입을 표시했다.

　대전 비래동1호고인돌에서 두 개로 잘린 바위의 형태를 활용해 생명형상을 표현함을 보았는데, 맹리고인돌에서도 두 개로 잘린 형태를 이용해 다양한 형상을 표현하는 기능을 한다.

　두 바위로 잘린 부분이 형상의 뒷부분 윤곽선을 이루며, 두 바위구멍이 눈을 나타낸다. 한 눈이 허공에 있는 것처럼 보이는데, 인물상을 표현하는 데 부족함이 없다.

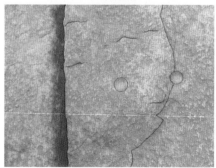

두 바위로 잘린 선이 인물상의 뒷부분 윤곽선을 이룬다. 주변에 다수의 바위 구멍이 있지만, 그중 규모가 큰 바위구멍 하나가 눈을 이룬다. 바위구멍에 쌓인 검은 흙이 눈동자처럼 보여 더 뚜렷하게 눈을 표시한다.

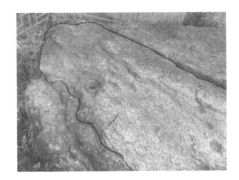

잘려서 분리된 공간이 형상의 뒷부분 외곽선을 이룬다. 바위구멍이 눈을 표시하며, 얼굴 형태로 다듬어진 인물상임이 선명하다.

이 인물상의 눈을 이루는 바위구멍이, 내부에 포함된 작은 인물상의 입을 나타낸다. 이처럼 아래 형상의 눈이 위 형상의 입을 표시함은, 고인돌에서 볼 수 있는 보편적인 생명형상 표현법 중 하나다.

유사하게 세 바위구멍이 눈과 입을 표시하는 인물상이다.

바위구멍에 연결된 선이 윤곽선을 이룬다. 바위구멍에 연결된 선이 분명한 의도하에 그이진 것임을 알 수 있다.

원 안의 곳은 푸른 색감을 띠는데, 자연적 현상일까? 이에 대해서는 뒤에서 살펴보기로 한다.

바위구멍이 두 눈과 코, 입을 표시한다.

위 형상과 마찬가지로 바위구멍에 연결된 선이, 얼굴 아랫부분 윤곽선을 이룬다.

바위구멍이 두 눈과 코, 입을 이루고, 분리된 바위가 모자를 쓴 듯한 모습을 나타낸다.

14. 북한의 고인돌

　북한의 고인돌 사진을 구하기가 어렵다. 사진을 구하더라도 우연히 생명형상이 나타나게 찍은 것이 아니라면 활용이 안 될 것이다.

　《KBS》에서 방영된 〈다시 보는 북한문화유산〉 '7편 고인돌 왕국 고조선'에서 캡처한 몇 장의 사진을 보자. 평양 귀일리 고인돌에 6개의 바위구멍이 새겨져 있다고 한다. 북한 천문 전문가들의 연구 결과, "하늘의 별자리를 재현한 것이며 현대 천문도에서 이야기하는 남두육성에 해당한다."라고 설명한다.

　그런데 이 귀일리 고인돌의 바위구멍이 생명형상을 표현하고 있는 것으로 보인다.

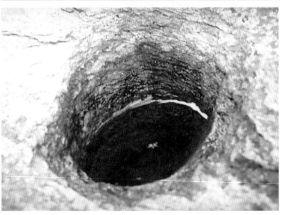

표면의 형태를 다듬었고, 바위구멍이 눈을 표시한다.
바위구멍이 형상과 별자리를 동시에 표현하고 있다.

바가지처럼 생긴 데는 별 4개가 있고

15. 바위구멍암각화

고인돌이 아닌 바위에 바위구멍이 새겨져 암각화를 이루는데, 이들도 고인돌에서처럼 동일한 기능을 하는지 살펴보자. 여기에서 많은 곳을 다룰 수 없으므로 안내판이 있는 경주 지역의 바위구멍암각화만을 살펴보기로 한다.

(1) 경주 교촌 바위구멍암각화

안내판에 "구멍의 배열상태가 별자리 또는 용 형상을 취하고 있다."라며 바위구멍을 별자리와 연관시키고 있다. 한편 앞에서 본 북한의 평양 귀일리고인돌에 있는 6개의 바위구멍도 하늘의 별자리를 재현한 것이라고 했다. 바위구멍이 별자리를 나타내기 위해 새겨진 것인지 궁금하다.

이에 대해 천문학자의 연구서인 『하늘에 새긴 우리역사』(박창범 지음, 김영사) 92~108쪽에서 관련된 내용을 보자.

"바위구멍(성혈)은 대개 그 깊이가 적잖이 깊고, 안쪽 면이 매끄럽게 갈아져 있어, 자갈이 빠져나가거나 침식이 되어 생긴 자연적인 홈과 쉽게 구별된다."

"북한에서 고인돌에 새겨진 별자리 그림들이 발견되었다."

"대청댐 수몰 지구에 있던 청원군 문의면 아득이마을 고인돌에서 발굴된 유물인 아득이돌판천문도는 일찍부터 우리나라에 독자적인 천문학이 자라고 있었음을 증언하고 있다."

"대다수 고인돌에는 성혈이 없거나, 있더라도 몇 개만 새겨져 있었다. 어쩌다 성혈이 여럿 파여 있는 고인돌에서도 별자리라는 확신이 드는 경우는 쉽게 찾을 수 없었다."

이에 따르면 남한에서는 고인돌에서 아득이돌판천문도 유물이 발굴되었고, 이는 고인돌이 별자리와 관련이 있으며 천문학이 당시에 자라고 있었음을 증언하고 있다. 그러나 고인돌에 새겨진 바위구멍(성혈)에서는 별자리를 찾지 못했음을 알 수 있다.

이는 고인돌에 새겨진 바위구멍(성혈)이 별자리 표시가 주목적이 아님을 의미한다. 앞에서 본 북한 귀일리고인돌도 별자리를 나타내면서 동시에 생명형상을 표현하고 있어, 바위구멍의 주목적이 생명형상의 표현임을 뒷받침한다.

교촌 바위구멍암각화도 "구멍의 배열상태가 별자리 또는 용 형상을 취하고 있다."라는 안내판의 내용과 달리 바위구멍의 수가 많지 않아 별자리와는 무관해 보인다.

햇살이 비추니 작은 바위구멍이 모습을 드러낸다. 두 바위구멍이 눈을 나타
내는 것으로 보인다.

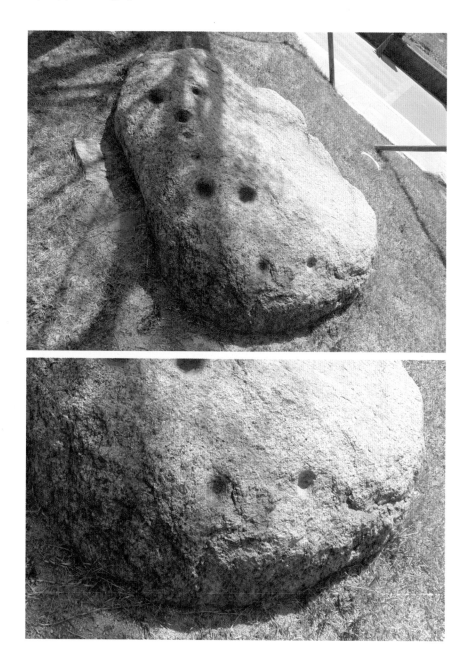

세 바위구멍이 두 눈과 입을 표시한다.

이 형상을 조금 더 우측에서 보면 더욱더 뚜렷한데, 위쪽에 새겨져 있는 바위구멍들은 세 바위구멍이 표현하는 형상의 존재를 알아보는 데 방해가 된다. 위쪽의 바위구멍들은 다른 방향에서 바라볼 때 형상을 나타내거나, 때로는 허수로 새겨 놓은 듯하다. 이는 지금껏 바위구멍이 표현하는 형상의 존재가 드러나지 않은 중요한 이유 중의 하나로 보인다.

고인돌이 아닌 바위에 새겨진 바위구멍도 생명형상을 표현함이 분명하다.

(2) 경주 월성 바위구멍암각화[1]

앞의 교촌 바위구멍암각화 안내판에 근처 암반에도 유적 한 곳이 남아 있다
고 하는데, 월성의 남천 변에 위치해 있다.

---

1 월성은 바위구멍이 나타난 암반 부근에 바위가 조금 보일 뿐, 대부분이 흙으로 덮여 있다. 그런데 현
재 발굴이 진행 중인, 월성의 기초가 되는 외곽 아랫부분에는 강가에서나 볼 수 있는 둥글고 매끄러
운 형태의 돌들이 드러나 있으며, 위쪽에는 작은 돌들이 흙에 뒤섞여 쌓여 있다. 이는 월성이 보통의
산처럼 흙이 쌓여 있거나, 암반에 흙이 덮여 있는 것이 아니어서, 자연적으로 형성된 지형이 아니라
인위적으로 쌓았을 수 있음을 시사한다. 규모가 크고 안쪽에 넓은 공간이 있을 뿐, 경주 지역의 높
이 솟은 고분과 유사해서 더욱 그렇다.
월성의 바위구멍은 월성이 형성된 이후 새겨졌을 가능성이 크므로, 바위구멍이 새겨진 시기를 추정
할 수 있다면 월성의 조성 시기에 대한 최소한의 판단 기준은 제공할 수 있을 것이다.

앞에서 살펴본 고인돌에 나타난 바위구멍들은 생명형상을 표현하기 때문에 고인돌 조성 시기에 새겨졌음이 증명된다. 그런데 바위구멍은 고인돌이 아닌 후대의 유물에도 나타난다. 자연 바위의 바위구멍이 고인돌 조성 시기 이후, 후대에 새겨졌을 가능성을 배제할 수 없다.

월성의 바위구멍은 언제 새겨졌을까?

단서는 얕게 파인 선이 깊게 파인 바위구멍 안에서 끊어지지 않고 이어지고 있다는 점이다. 이는 먼저 바위구멍을 판 이후 선을 긋지 않으면 나타날 수 없는 형상이다. 선을 먼저 그었다면 깊게 바위구멍을 팔 때 선이 지워지기 때문이다.

선이 인위적으로 그어졌음이 분명한데, 고인돌과 암각화 조성 시기 이후 현대 이전에 바위에 선을 그을 수 있는 시기가 없었으므로 현대에 긋지 않았다면 고인돌과 암각화 조성 시기에 그은 것으로 추정할 수 있다.

따라서 선보다 먼저 새겨진 바위구멍들도 고인돌과 암각화 조성 시기에 새겨졌으며, 후대에 새겨진 것이 아님이 증명된다.

세 바위구멍이 눈과 입을 표시한다.

위 형상 이마 부분에 작은 바위구멍이 보이는데, 반대 방향에서 보면 위 형상
의 눈이 눈을 이루고, 이마 부분의 바위구멍이 입을 이룬 인물상이 나타난다.

선이 윤곽을 이루고, 세 바위구멍이 눈과 입을 표시한다.

두 바위구멍이 눈을 이루고 형태를 다듬어 코를 나타내며 얕게 새긴 선이 입을 표시한다.

고인돌처럼 자연 바위에 새겨진 바위구멍도 형상을 표현하고 있음이 명확하다.

　이상으로 고인돌에 새겨진 바위구멍이 형상의 눈과 코, 입을 표시하거나 선을 이루어 윤곽을 나타내 생명형상 표현 기능을 하는 것을 충분히 증명했다고 판단된다.

　바위구멍이 형상의 눈 등을 나타낸다는 것이 지금껏 밝혀지지 않은 것이 의문이다. 모든 바위구멍이 형상을 나타내는 기능을 하는 것이 아니라 그중 규모가 큰 구멍 위주로 일부만이 해당하는 것과, 나머지는 허수로 새겨져 오히려 형상을 인식하는 데 방해가 되는 것도 중요한 이유인 듯하다.

　고인돌에 새겨진 형상은 현대의 조각과 달리 대부분 형태가 뚜렷하지 않고 자연스럽게 표현하는데, 바위구멍의 형상도 마찬가지이다. 일부 뚜렷한 경우를 제외하고는 알아보기가 쉽지 않았던 것으로 판단된다.

2장

선이 그런
형상

고인돌 표면에 선이 나타난 경우가 많은데, 비바람에 의해 바위가 부서져 가루가 되는 현상인 풍화 작용으로 생길 수 없어, 선을 인위적으로 그은 것인가에 대한 의문이 제기된다.

선이 인위적으로 그어졌음은 유사한 시기에 조성된 것으로 추정되는 경주 석장동 암각화에 네모 형태로 새겨진 선을 보면 알 수 있다.

암각화에 반듯하게 새겨진 선은 바위에 선을 새기고 있음을 명백히 증명하는데, 선으로 형상을 새기는 암각화와 달리 고인돌에도 이를 일반화할 수 있을까?

이 장에서는 고인돌에 그어진 선들이 인위적으로 그은 것인지와, 선이 바위구멍처럼 생명형상을 표현하는 기능을 하는지를 살펴보기로 하자.

1. 밀양 남전리고인돌

밀양 남전리고인돌 군의 두 고인돌에 굵은 선이 그어져 있다.

옥천 선사공원에 옮겨진 고인돌과 동시대의 유물인 옥천 지역 선돌에도 굵은
줄이 그어져 있어 남전리고인돌에 나타난 선들이 인위적으로 그어졌음을 증명
한다. 고인돌에 선을 그었음이 입증된 것이다.

수북리 동정 줄무늬 선돌   남곡리1호 줄무늬 선돌

굵은 선이 윤곽선의 일부를 이룬 인물상이다.

2. 춘천 천전리고인돌

용인 맹리고인돌에 바위구멍에 연결되어 선이 그어져 있어, 바위구멍과 선을 함께 새겼을 것으로 추정된다. 이를 증명할 근거가 천전리고인돌에 나타나 있다. 천전리고인돌은 5기가 남아 있는데 입구에서 늘어선 순서대로 첫 번째에 있는 고인돌을 보자.

첫 번째 고인돌

상석 윗면에 새겨진 바위구멍에 직각으로 교차하는 선이 그어져 있다.

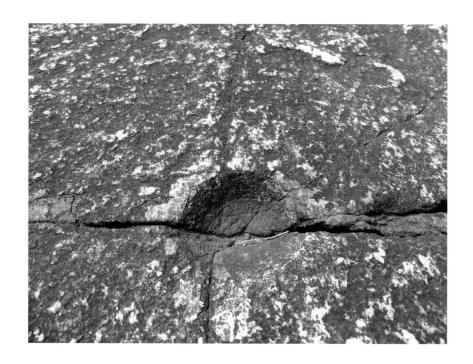

얕게 새겨진 선이 깊게 파인 바위구멍에서도 뚜렷하게 이어져 있는데, 이는 바위구멍을 판 후 선을 그었음을 의미한다. 바위구멍 안에서 가는 선과 굵은 선이 직각으로 교차하고 있다. 설치 시 상석을 얇고 반듯하게 다듬은 고인돌 윗면에 이런 형태의 바위구멍과 선이 자연적으로 나타날 수는 없으므로 인위적인 현상이 명확하다.

기계로 그은 선과 달라 현대에 긋지 않았음이 분명한데, 고인돌 조성 이후와 현대 사이에 바위에 선을 그을 수 있는 시기가 없었으므로 선들은 고인돌 조성 당시에 바위구멍을 판 후 그은 것으로 해석된다.

이는 바위구멍 또한 고인돌 조성 당시에 새겨졌음을 의미한다.

앞에서 살펴본 경주 월성 바위구멍암각화에서도 동일한 현상을 설명했는데, 월성 바위구멍이 자연 바위에 새겨진 것이라면, 같은 사안이 고인돌에서도 확인된 것이다.

　바위구멍을 통과하는 선이 생명형상의 윤곽선을 이루고 있어, 바위구멍이 생명형상을 새기는 기능을 하듯이, 선도 생명형상을 새기는 데 활용되고 있음을 나타낸다. 이는 또한 선이 고인돌 조성 당시에 인위적으로 그어졌음을 증명한다.

두 번째 고인돌

입구에서 네 번째 있는 고인돌 중앙을 가로지르며, 세로로 길게 선이 그어져 있다.

이렇게 긴 선이 자연적으로 그어질 요인은 없으며, 또한 선은 중간 부분이 서로 어긋난 별도의 선이다. 별도의 두 선이 한 선으로 이어진 것처럼 보이는 것인데, 인위적으로 긋지 않고서는 나타날 수 없는 형태이다.

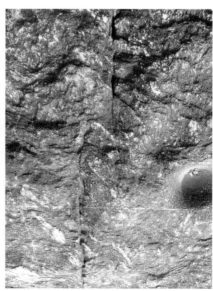

위의 긴 선과 평행을 이루며 또 다른 선이 그어져 있다. 두 선 사이에 두 개의 바위구멍이 새겨져 있어, 선들이 인위적으로 그어졌음을 뒷받침한다.

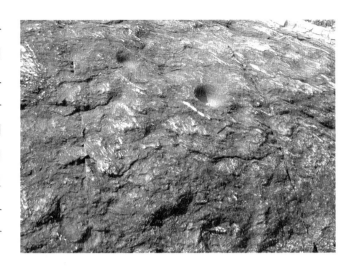

선이 형상의 윤곽선을 이루며, 바위구멍이 눈과 입을 표시한다.

선이 바위구멍처럼 형상을 이루는 기능을 한다는 것이 잘 나타난다.

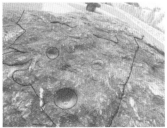

두 홈이 눈을 나타내도록 형태를 다듬고, 선을 그어 입을 표시한 인물상이다.

세 번째 고인돌

상석 윗면에 보이는 바위구멍 옆에 직각으로 그어진 선은 선이 자연적으로 그어지지 않았음을 증명한다. 반듯하게 다듬어진 표면에 나타난 선들은 고인돌 조성 이후 자연적으로 그어질 요인이 없으며, 더구나 직각을 이루고 있어 바위의 결과도 상관이 없기 때문에 인위적으로 그은 것으로 해석함이 타당하다.

선 옆에 새겨진 바위구멍이 눈을 이루고, 선이 윤곽선의 일부를 이룬 형상이다.

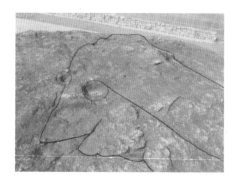

3. 대구 상인리고인돌

경북대학교 박물관에 옮겨져
있으며, 윗면이 반듯하게 다듬어
져 있다.

바위구멍 바로 옆으로 선이 지
나고 있어, 바위구멍과 선을 함
께 새겼음을 알 수 있다.

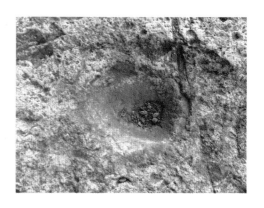

반듯한 두 선이 그어져 있는데, 한 선이 꺾여 있다. 자연적으로 나타날 수 없으며, 인위적으로 그었음이 명백하다. 반듯하게 다듬은 고인돌에 나타난 이런 선이 우연한 것이라면, 자연과 인공의 경계가 무너진다.

위 선을 반대 반향에서 바라보면 꺾인 선이 인물상의 윤곽선을 이루고 있다.

4. 간단한 선으로 눈을 표시한 고인돌

(1) 전주 여의동고인돌

전북대학교 박물관에 옮겨져 있다. 옆면에 곡선과 직선의 두 선이 짧게 그어져, 형상의 눈과 입을 표시한다.

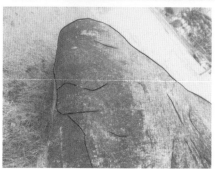

(2) 화순 만연리고인돌

짧은 두 선이 평행을 이루고 있어, 인위적으로 그어졌음을 나타낸다. 아래 선
의 우측 부분이 솟아 있어, 선이 바위의 결 때문에 자연적으로 나타난 것이 아
님을 증명한다.

두 선이 눈과 입을 표시한다.

5. 순천 곡천고인돌

충북대학교 박물관에 옮겨져 있다. 거친 표면에 반듯한 선들이 그어져 있으며, 선으로 인물상을 그렸다.

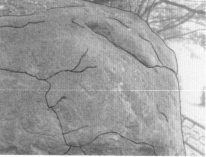

6. 제천 방흥리고인돌

충북대학교 박물관에 옮겨져 있다.

사각형을 이룬 선은 선이 인위적으로 그려졌음을 방증한다.

선이 형상의 윤곽선을 이루는데, 깊게 파인 곳은 선이라기보다 음각에 가깝다.

7. 양구선사박물관의 고인돌

양구선사박물관에 양구 공수리·고대리고인돌 군이 옮겨져 있다. 그중 한 고인돌을 살펴보자.

옆면에 두 선이 선명하게 새겨져 있는데, 자연적으로 생성될 수 없는 형태다.

두 선이 윗면까지 이어지며 전면을 가로지르고 있어, 인위적으로 그어졌음이 분명하다.

선이 숫제 그림을 그리듯 인물상을 표현한다.

8. 대구 천내리고인돌

선이 턱과 입 등을 그렸다. 조각한 듯한 뚜렷한 인물상이다.

9. 제천 황석리선돌

충북대학교 박물관에 옮겨져 있다.

"선돌의 바닥에서 구멍무늬토기 조각과 붉은간토기 조각이 출토되었다(안내판)."

구멍무늬토기와 붉은간토기는 고인돌
에서도 출토되므로 선돌이 고인돌과 같
은 주체에 의해 조성되었음을 의미한다.

표면에 가는 선들이 그어져 있다.

두 선이 만나 꼭지점을 형성했다. 자연적으로 발생한 선이 아님을 알 수 있다.

선이 인물상을 그리고 있다. 고인돌처럼 선돌에서도 선이 생명형상을 표현하는 기능을 함을 알 수 있다.

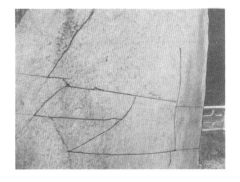

10. 청원 문의고인돌

충북대학교 박물관에 옮겨져 있다.

평평하게 다듬어진 윗면에 반듯하게 그어진, 완전한 평행을 이룬 두 선이 보인다.

그런데 실제로 두 선은 평행이 아니며, 한쪽 끝의 두 선 간격은 42㎝, 반대쪽 끝은 107㎝로 차이가 크다. 육안으로 볼 때도 평행으로 보이지 않는다.

사진으로 찍었을 때, 거리에 따라 선 간격이 어떻게 보이는지 알고 있었던 듯하다. 사진에 대해서도 잘 알고 있었을 것으로 추정된다. 실제로 고인돌을 사진으로 찍으면 눈으로만 볼 때 알 수 없던 형상이 나타나는 경우가 많다. 규모가 커 육안으로는 분별이 어려운 형상들이 사진에는 선명하게 나타난다.

이 책에서는 증명을 위해 어쩔 수 없이 뚜렷한 형상만 다루는데, 단순하여 사진으로 잘 나타나지 않는 형상과 예상을 넘어서는 훨씬 다채롭고 기이하게 표현된 형상은 다룰 수 없는 한계가 있다.

선이 표면의 아주 얇은 바위를 자르고 있다. 단순히 표면을 파면서 그은 것이 아님을 알 수 있으며, 고도의 기술력이 요구될 것이다.

다만, 고도의 기술력이 필요해 보이는 이 선들이 후대에 그어진 것이 아닌가 하는 의문이 제기될 수 있다. 선들이 고인돌 조성 당시에 그어졌는지를 분석해 보자.

양 선 사이에 잘 보이지 않는 투명한 흰 선이 그어져 있다.

투명하게 흰색을 띠며 가늘게 그어진 선이 이어지지 않는 부분이 있다.

선을 그을 때 긋지 않은 것인지, 선에 맞추어 주변 전체를 얇게 파낸 것인지 알 수 없다.

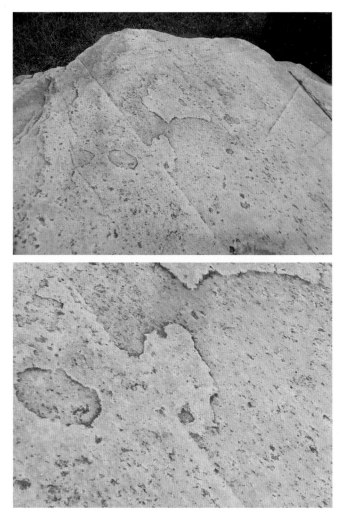

검은색의 두 선이 바위를 파내며 그어진 반면, 흰 선은 투명하게 그어져 있어, 일반적인 선을 긋는 방식과 전혀 다르다. 이외에도 투명한 흰 선이 다른 방향으로, 윗면 전체를 가로지르며 하나 더 그어져 있는데, 사진에서는 거의 보이지 않을 정도로 가늘므로 여기에서는 다루지 않는다.

현시대에도 이처럼 바위에 투명하게 선을 그을 수 있을까? 고인돌 조성 당시
와 현대 사이 시대에는 과학과 기술 문명이 발달하지 않아 그을 수 없었을 것이
므로, 현시대에 그을 수 없다면 결국 고인돌 조성 당시에 그은 것으로 귀결된다.

고인돌 조성 당시 그은 것이 분명한 투명한 흰 선이 검은 선과 평행을 이루고
있다. 자로 재보니 두 선 양 끝단의 간격이 29㎝로 같다. 중간 부분이 약27.5㎝
로 약간 좁으나 육안으로는 구별할 수 없어 두 선 전체가 평행으로 보인다.

현대에 그을 수 없는 투명한 선과 검은 선이 평행을 이루고 있어, 표면을 긁으
면서 새긴 검은 선도 흰 선과 함께 고인돌 조성 당시에 그은 것으로 해석된다.
고인돌 조성 당시에 바위 표면에 선을 그렸음이 더욱 명료해졌다.

투명한 흰 선이 옆면의 계단을 이룬 부분, 아래쪽 평평한 곳까지 정확하게 이어져 있다. 선이 철저한 의도하에 그어졌음이 잘 나타난다.

옆면에 반듯한 선들이 평행으로 칸을 이루며 그어져 있다.

반대 방향의 옆면에도 반듯한 선들이 칸을 이루며 그어져 있다.

윗면뿐 아니라 옆면까지 많은 선이 반듯하게 그어져 있어, 고인돌 조성 당시 바위에 다양한 형태의 선을 자유자재로 그을 수 있었음을 알 수 있다. 이는 자연 바위에 나타난 선들도 사람이 그은 것일 수 있음을 강력히 시사한다.

선을 따라 바위가 반듯하게 잘려 있다. 잘린 면이 기계칼로 자른 것과 달리 치밀하지 않고 부드러워 마치 레이저같이 현대에 알 수 없는 도구로 자른 듯하다.

평행한 두 선 안에 인물상이 보인다. 머리카락 부분은 돌출되어 윗면 전체가
균일하게 다듬어지지는 않았다. 현대의 연마기와 같은 기계로 다듬은 것과 다
르다. 붉은 색감은 형상을 표현하는 기능을 하는데, 붉은 색감이 우연하게 나
타난 것이 아님을 의미한다. 고인돌에 나타난 색감에 대해서는 뒤에서 살펴보
기로 한다.

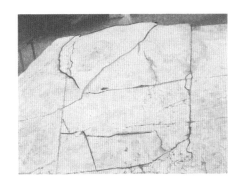

앞에서 살펴본 선 이외에도 반듯한 짧은 선, 두껍게 패인 불규칙한 곡선 등 선들이 윗면에 많이 보이는데, 자연적으로 그어진 것으로 보기 어렵다. 평평하게 다듬은 곳에 인위적으로 그은 것보다 두껍게 선들이 그어진 이유를 설명할 수 없기 때문이다.

불규칙한 선들이 형상의 윤곽선을 이룬다.

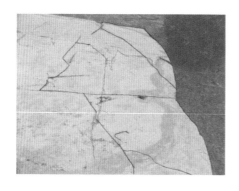

표면을 얇게 파내 형태와 눈을 표현하고, 반듯하게 그어진 선으로 뒷부분 윤곽선을 표현해 형상을 완성하였다.

11. 주암댐 수몰지구고인돌

연세대학교 박물관에 옮겨져 있다.

평평하게 다듬어진 윗면에 여러 선이 그어져 있다.

옆면의 형상으로, 형태를 다듬고 선을 그어 눈 모양을 나타냈다.

선이 인물상을 그린다.

선으로 형상을 그렸고 홈을 파 눈을 표시하였다.

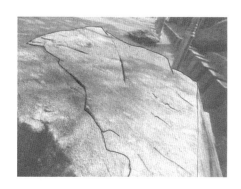

다른 시간대에 햇빛이 변화한 후에는 다른 형상이 나타난다.

12. 김해 율하유적의 고인돌

바위구멍 옆으로 선이 지나는데, 선이 함께 나타나는 것은 고인돌 조성 당시에 새겨졌음을 의미한다. 형상이 뚜렷하지는 않지만 바위구멍이 눈을 나타낸다. 바위구멍이 한 개만 새겨졌고 고인돌 전체가 형상을 이룬다.

선으로 직접 그림을 그렸다.

13. 고창고인돌공원의 고인돌

다음 고인돌의 윗면이 칼로 자른 듯 반듯하다. 윗면을 반듯하게 다듬은 직후엔 선이 없었을 텐데, 가는 선들이 있다. 반듯하게 다듬은 이후에 생성되었을 것인데, 미세하여 결에 따라 나타나는 균열과도 관련이 없다. 선이 서로 교차하거나 수직으로 만나기도 하므로 인위적으로 그은 것임이 명백하다.

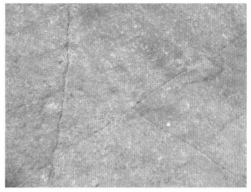

선이 인물상을 그렸다.

다음 고인돌을 보자. 선이 형상을 그리며, 형상이 중첩되어 있다.

깊게 파인 선이 인물상의 윤곽선을 나타낸다.

다수의 선이 함께 형상의 윤곽선을 그린다.

두 선이 반듯하게 그어져 있다.

위의 선이 눈을, 아래 선이 입을 표시하는 것으로 보인다.

서로 다른 면에 그어진 위의 두 선이 한 선처럼 이어져 있다. 인위적인 선임은 두말할 나위가 없다.

한 가지 의문점은 '인위적이라는 것을 쉽게 판별할 수 있는 이런 선을 왜 고인돌공원의 450여기의 고인돌 중 단 한군데에만 새겨놓았을까?'라는 것이다. 한두 군데만 더 있었어도 비교를 통해 인위성을 더 쉽게 알 수 있고, 여러 군데라면 금방 알아볼 수 있기 때문이다.

14. 포천 수입리고인돌

상석의 윗면과 밑면이
널빤지 형태로 반듯하게
다듬어져 있다. 고임돌도
마찬가지이다.

기계칼로 자른 것과 다르며 정을 사용한 흔적도 없어 다듬은 기법을 알기 어렵다. 집단의 모든 역량을 동원하면 할 수 있을 것이란 막연한 추정이 있는 듯한데, 바위는 단단하고 무거워서 구체적 기법에 대한 제시 없이 하는 막연한 추정은 어느 하나 납득하기 어렵다.

고인돌에 대한 의문점이 모두 해소된 듯 여겨지나, 실제로는 여전히 비밀에 쌓여 있음을 인식할 필요가 있다. 생명형상은 그 비밀을 풀 열쇠가 될 것으로 생각된다.

상석 윗면에서 옆면까지 이어지며 깊게 선이 그어져 형상을 나타낸다. 눈 부위에 우연인지 검은 물질이 올려져 있는데, 그대로 사진을 찍었다.

15. 옥천 안터공원의 고인돌

옥천 선사공원과 가까이 위치한 안터공원에 안터1호고인돌이 전시되어 있다.

앞에서 본 포천 수입리 고인돌과 유사한 형태로, 상석 윗면과 밑면이 반듯하게 다듬어져 있다.

안내판의 내용을 보자.

"옥천 석탄리 안터마을에 있던 안터1호고인돌을 발굴 후 이전 복원하였으며, 선돌과 짝을 이루고 있다. 빗살무늬토기, 얼굴 모양의 예술품, X 모양을 새긴 돌, 가락바퀴, 그물추, 눈돌 등의 유물이 출토되었다."

안내판에는 출토유물인 "얼굴 모양의 예술품"과, "X 모양을 새긴 돌" 사진이 함께 게시되어 있다. 얼굴 모양의 예술품은 고인돌뿐 아니라, 매장된 유물도 생명형상을 표현하고 있음을 알려 준다.

X 모양을 새긴 돌 사진이 함께 게시되어 있는데, X와 모양이 전혀 다르다.

우측의 획이 좌측의 획을 넘지 않아 X 모양이 아닌 한자 '사람 인(人)' 자임이 분명하며, 형태도 붓글씨로 쓴 것과 유사하다. 고인돌 조성 당시에 문자가 없었다는 전제하에 X로 해석한 듯한데, 무작정 기존의 이론에 맞추어 해석한 결과로 보인다.

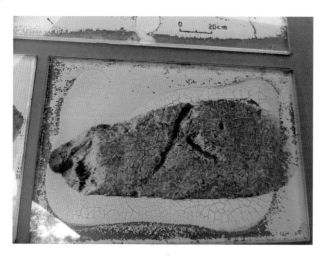

확인하지 못했지만 이천 지석리고인돌에서 출토되었다는 "X가 쓰인 백자 조각"도 X가 아닌 '人' 자일 수 있어 확인이 필요해 보인다. '人' 자로 확인된다면, 안터고인돌의 "'人' 자를 새긴 돌"과 같아서 백자 조각이 후대에 넣은 것이 아니라 고인돌 조성 당시의 것임이 증명된다. 도자기가 있었다면 도자기의 소성 온도인 1,300도의 고온으로 철을 생산할 수 있었을 것이란 추론이 성립한다. 현대 이론에 따른 초기 철기 시대 이전에 도자기와 철이 사용되었고 문자가 있었다면, 우리가 알지 못하는 고도의 문명이 있었을 개연성이 커진다.

"얼굴 모양 예술품"이 예술적 표현으로 인물상을 새겼다면, "'人' 자를 새긴 돌"은 글로써 사람을 표현한 것으로 볼 수 있다. 동일한 의미를 다른 형식으로, 반복적으로 표현하고 있는 것이다. 이는 고인돌 조성 당시에 이미 문자가 있었으며, 높은 인지력을 지녔음을 의미해, 바위에 생명형상을 새기는 데 현재는 알 수 없는 방법이나 도구가 동원된 현상을 납득하게 한다.

윗면에 많은 선이 그어져 있으며, 옆면까지 이어져 있다. 선들은 서로 교차하며 세포 형태의 무늬를 형성한다.

윗면을 반듯하게 다듬었을 때 선이 없었음은 자명하다. 조성된 이후 자연적으로 선이 그어질 요인도 없으며, 앞에서 살펴보았듯이 고인돌에 선을 그었음을 감안하면 반듯하게 다듬은 후 선을 그은 것으로 해석하는 것이 타당하다. 바위를 평평하게 다듬을 수 있었다면 선을 그을 수 있었던 것도 지극히 당연하다.

선이 그리는 형상을 살펴보자.

선 사이의 공간에 바위구멍이 파여 있다. 선이 형상의 윤곽선을 이루고, 바위
구멍이 입을 표시한다.

뚜렷한 형상이라 할 수 없고, 관찰하지 않고 무심코 봐서는 알 수 없는 형상
을 왜 새겨 놓았을까? 보는 눈이 트이면 알아볼 수 있기 때문일 것이다. 형상에
익숙해지면 간단한 형상들은 보지 않으려 해도 보이게 되고, 복잡한 형상들도
찾을 수 있게 된다. 이때는 뚜렷한 형상이 되는 것이다.

보려는 마음이 필요하다. 처음엔 보려고 해야 보인다.

선이 세포무늬 형태를 나타내며, 형상을 그린다.

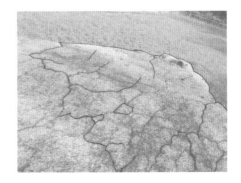

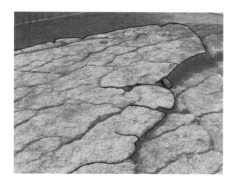

　전작에서 강화고인돌의 상석 밑면의 색감이 윗면과 다름을 살펴보았는데, 탁자식으로 분류된 고인돌 대부분이 동일한 듯하다.

　안터1호고인돌의 상석 밑면의 색감이 윗면과 크게 다르다. 고인돌 조성 시 밑면을 반듯하게 다듬었으므로 이때 색감을 변화시킨 것으로 해석되는데, 이에 대해서는 뒤에서 살펴보기로 한다. 밑면에도 윗면처럼 선이 그어져 있다.

　고임돌이 형상을 나타내도록 다듬어졌다. 초승달 모양의 홈이 눈을 나타낸다.

흰 페인트로 그린 듯한 세 개의 원이 두 눈과 입을 나타내는 듯하다.

원들은 고임돌과 상석 사이에 있는데, 손을 넣어 보니 제일 안쪽의 원이 닿지 않을 정도로 깊숙하다. 상석과 고임돌 사이 간격이 좁고 깊어서 고인돌이 복원된 현 상태에서는 붓 등의 도구로는 그릴 수 없어 보인다.

이전하여 복원이 완료된 상태에서 그리지 않았다면 이전하는 과정에서 그렸을 것인데, 원형 그대로를 복원하려 최선을 다할 것을 고려하면 연구자들이 그렸을 것 같지는 않다. 고인돌 조성 당시에 표면에 묻은 물질이 현재까지 남아 있을 수는 없으므로 후대에 그렸을 것이다. 언제부터 나타나 있었는지 의문이다.

세 개의 원이 두 눈과 입을 표시해 생명형상과 관련이 있는 듯한데, 선에도 형상이 보인다. 우연일 수도 있음을 감안하며 보기로 하자.

검은 홈이 두 눈과 입을 표시한다.

한 가지 단서는 상석 윗면에도 유사한 흰 물질이 형상의 눈을 이루고 있다는 것이다. 선이 윤곽선을 그리고 페인트로 칠한 듯한 흰 점이 한 눈을 이룬 인물상이다. 흰 점은 언제부터 나타나 있었을까? 생명형상과 관련이 있는데, 그 의미는 무엇일까?

이후 사진을 자세히 보니 흰색 안에 눈동자처럼 보이는 다른 색의 물질이 보였다. 확인 차 몇 달 후 방문하니 흰 점이 보이지 않는다. 지워진 듯한데, 상석 밑면의 세 원은 그대로다. 어떻게 된 일일까?

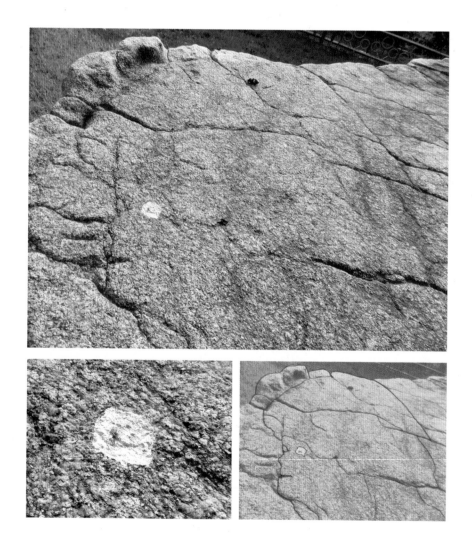

16. 순천고인돌공원

순천고인돌공원에 옮겨져 있는 보성 죽산리 하죽고인돌을 보자.
윗면에 선이 윤곽선과 입을 이룬 인물상이 나타나 있다.

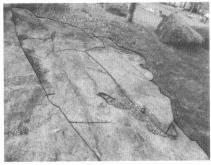

순천 우산리 내우고인돌이다.

선이 형태를 그리고, 불규칙한 작은 바위구멍이 눈과 입을 표시한 인물상이 나타나 있다. 위쪽 부분에 이 형상의 눈이 입을 표시한 다른 인물상이 숭첩해 있다.

위 고인돌 우측 부분에 가로 세로로 다수의 선이 그어져 인물상을 그린다.

선이 인물상의 외곽을 조금 지나 끊겨 있어, 바위의 결을 따라 자연적으로 그어지지 않았음을 알 수 있다. 인위적으로 선을 그어 형상을 새겼음이 명백히 드러난다.

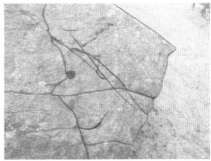

양각에 가까운 두꺼운 선들이 형상을 새기고 있다.

선이 인물상의 윤곽선을 이룬다.

고인돌에 다양한 방식으로 생명형상이 새겨졌음이 명확하다.

순천 월산리 반월고인돌 윗면에 선들이 그어져 무늬를 이루었다.

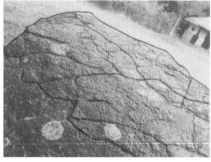

인물상이 중첩돼 있다.

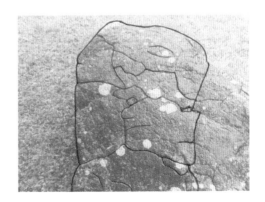

17. 고창 상금리고인돌

곡선들이 그어져 세포 형태의 무늬를 이루고 있다. 고인돌을 조성하기 위해 반듯하게 다듬은 표면에 선들이 우연하게 그어져 이런 형태가 나타날 리 없다. 굴곡지며 'ㄱ'자 모양으로 길게 이어진 선을 보면 인위적으로 그었음이 자명하다.

다음 고인돌에 나타난 세포 무늬가 형상을 그린다.

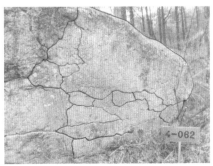

한쪽 면이 반듯하게 다듬어져 동물 형태를 이루고 있다. 홈으로 눈을, 선으로
입을 나타낸다.

이처럼 가지런하게 다듬어진 고인돌을 다른 세 방향에서 바라보면 형태가 모두 다르다. 고인돌은 바라보는 방향에 따라 형태가 달라짐을 잘 보여 준다.

세 면에 모두 세포 무늬 형태가 나타나 있다.

세포 무늬가 그린 인물상이다.

고인돌에 인위적으로 새긴 선이 다양하게 활용되며, 생명형상을 표현하고 있음이 분명해졌다. 이 과정에서 형태를 다듬어 형상을 표현하고 있음도 잘 드러난다.

3장

다양한 형태의
바위구멍

바위구멍은 둥그스름해 눈을 표현하는 데 적합하지만, 연천 진상리고인돌에서 보았던 길쭉한 형태의 바위구멍은 변형된 형태가 있을 수 있음을 나타낸다. 고인돌에는 사각형의 큰 홈들도 나타나는데, 이들도 바위구멍과 동일한 기능을 하는지 궁금하다.

1. 화순 연월리고인돌

평평한 곳에 아무렇게나 놓인 듯한 고인돌이다. 정교하게 파인 사각형의 홈이 새겨져 있다. 사각형의 홈이 형상의 눈을 나타내는 듯하나 뚜렷하지는 않다.

용도가 분명치 않으나 사각형 홈은 분명한 의도를 지니고, 고인돌에 어떤 작업을 하고 있음을 보여준다.

2. 영광 덕림마을고인돌

한 말의 곡식이 들어가는 사각형 구멍이 있어 말고인돌이라 부르는 큰 고인돌이 놓여 있는데, 높아서 위쪽이 보이지 않는다. 주민에게 문의하니 사다리를 내어 준다.

평평하게 다듬어진 고인돌 윗면에 정교하게 사각형의 홈이 파여 있고, 옆에 길게 선이 그어져 있는데, 인위적으로 그은 선임은 자명하다.

선이 윤곽선을 이루고, 물이 고인 사각형 홈이 눈을 표시하는 형상이다.

사각형 홈이 바위구멍과 같이 생명형상을 표현하는 기능을 함을 알 수 있다.

선과 함께 형상을 나타내, 홈이 고인돌 조성 당시에 새겨졌음도 증명된다.

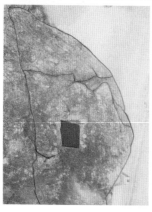

이 고인돌에 나타난 생명형상을 살펴보자.

옆면에 인물상이 뚜렷하다. 바위를 길게 잘라 내 눈을 표시했다.

큰 새처럼 보인다.

특이물질이 붙어 있다.

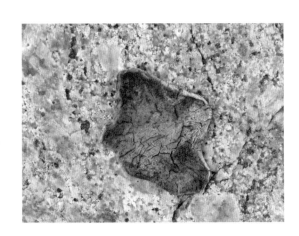

주변에 있는 고인돌이다.

시선을 옆으로 하면 인물상이 나타난다.

3. 장성댐 수몰지구고인돌

전남대학교 박물관에 옮겨져 있는 고인돌로, 전형적인 유선형이다.
형태를 다듬고 선으로 눈과 입을 표시한, 좌측을 머리로 하는 형상이다.

윗면에 직사각형의 긴 홈이 파여
있는데, 덕림마을의 정사각형의 홈과
같은 기능을 하는지 살펴보자.

물이 고인 두 직사각형의 홈이 눈을 이룬다. 앞쪽에 불규칙한 선을 그어 입 모양을 나타냈다. 직사각형의 홈도 정사각형의 홈처럼 생명형상을 표현하는 기능을 하는, 일종의 바위구멍임을 알 수 있다.

표면에 새겨진 형상을 보자.

표면을 얕게 다듬어 부조로 인물상을 표현했다.
직사각형의 홈이 형상의 뒤쪽 윤곽선의 일부를 이루었다.

4. 순천 덕산리고인돌

국립광주박물관에 옮겨져 있다.

윗면에 사각형의 홈이 크게 파여 있는데, 앞에서 본 사각형 홈처럼 정교하지는 않다. 평평하다면 비석을 세운 흔적이라 할 수 있겠지만, 경사가 많이 져 그와는 상관이 없다. 앞에서 본 사각형의 홈들과 같은 기능을 하는지 살펴보자.

먼저 이 홈이 고인돌 조성 당시의 것인지를 알아보자.

홈을 통과하며 반듯한 선이 그어져 있는데, 홈 안쪽까지도 일부 이어져 있다.

사각형의 홈이 인위적으로 판 것이므로 그 안쪽까지 이어진 반듯한 직선도 인위적으로 그은 것임이 자명하다.

선과 함께 나타나므로 홈이 고인돌 조성 당시에 새겨졌음이 증명된다.

홈이 눈을 나타낸다. 홈 안에 흰 돌이 놓여 있는데, 마치 눈동자처럼 보인다.
앞에서 살펴본 사각형의 홈들처럼 생명형상을 표현하는 기능을 하는 바위구멍
의 일종임을 알 수 있다.

둥근 바위구멍이 생명형상의 눈 등을 나타내듯이, 사각형의 홈들도 동일한
기능을 하고 있다. 사각형 홈들은 둥근 바위구멍과 형태는 다르지만 동일한 기
능을 하므로 바위구멍의 일종으로 볼 수 있다. 바위구멍과 사각형 홈은 모두 바
위에 파 놓은 홈의 일종이어서, 다양한 형태의 홈이 생명형상을 표현하는 기능
을 함을 알려 준다.

4장

고인돌에 나타난
쐐기홈의 의미

고인돌 바위를 산의 암반에서 채석할 때, 쐐기홈을 파고 나무를 꽂아 물을 부어 불려서 팽창하는 힘으로 분리했다고 한다. 그러나 각 방면에 수많은 자료 영상이 있는 요즘, 어느 곳에서도 재현하는 영상을 보지 못했다.

쐐기홈을 이용해 바위를 암반에서 분리했다면 암반이나 고인돌 가장자리에 반쯤 잘린 쐐기홈 자국이 있어야 하는데, 채석장이 밝혀진 화순고인돌공원의 채석장과 고인돌 어디에도 이런 자국이 없다. 암반이나 고인돌 평면에 쐐기홈이 새겨진 곳은 있으나, 이는 잘라 낸 자국과 다르다. 고인돌 바위를 암반에서 떼어 낼 때 쐐기홈을 이용했다는 것은 근거가 없어 보인다. 쐐기홈은 바위를 자르기 위한 용도가 아니며, 사람의 손길이 닿았음을 나타내는 표시 기능을 하는 듯하다.

생명형상을 표현하는 기능을 하는지도 살펴보자.

1. 연천 학담리2호고인돌

현무암에 쐐기홈이 파여 있는데, 중간에만 새겨져 있어 바위를 자르기 위함은 아닌 듯하다.

쐐기홈이 새겨진 곳을 옆에서 보면, 얕은 선이 형상의 윤곽선과 입을 표시하는 형상으로 보인다. 용암이 굳은 현무암에 결이 있을 리 없기 때문에 선이 자연적으로 생성될 수 없다. 쐐기홈이 두 눈을 표시한다.

쐐기홈이 바위구멍처럼 생명형상을 표현하는 기능을 함을 알 수 있다.

2. 영광 덕림마을고인돌

옆 부분에 쐐기홈이 새겨져 있으며, 쐐기홈이 형상의 눈을 표시한다.

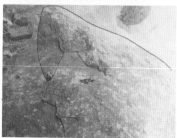

3. 순천고인돌공원의 고인돌

옮겨져 있는 여러 기의 고인돌에 쐐기홈이 새겨져 있다.

순천 내우산고인돌에 두 쐐기홈이 새겨져 있다. 아무런 이유 없이 가운데 부위에 두 개의 쐐기홈을 새겼을 리 없다.

쐐기홈이 형상의 두 눈을 표시해, 생명형상을 표현하는 기능을 한다. 조그마하게 선을 그어 입을 표시했다.

순천 조례동·해룡면 복성리 상비 고인돌로, 반듯하게 다듬어진 옆면에 세로로 새겨진 쐐기홈은 바위를 자르기 위함이 아님을 증명한다. 옆면에 있어 물을 부으면 흘러내려, 나무를 불려 팽창시킬 수 없다.

얕게 그어진 선이 더 깊게 패인 쐐기홈 안에서 끊어지지 않고 연결돼 있어, 쐐기홈이 고인돌 조성 당시에 새겨졌음을 나타낸다. 앞에서 깊게 파인 바위구멍 안에 얕게 새겨진 선이 이어진 경우, 바위구멍이 고인돌 조성 당시에 새겨졌음을 나타낸다는 것을 살펴보았다. 쐐기홈에도 같은 원리가 적용된다.

순천 우산리 내우고인돌의 쐐기홈이다. 쐐기홈과 연결돼 선이 그어져 있어, 고인돌 조성 당시에 새겨진 것을 알 수 있다.

선으로 연결된 쐐기홈이 형상의 뒷부분 윤곽선을 이룬다.

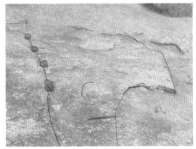

위의 지점을 다른 방향에서 보면 쐐기홈의 선이 형상의 윤곽선을 이루고, 쐐
기홈이 한 눈과 입을 이룬 형상으로 보인다.

4. 순천 낙안읍성고인돌

낙안읍성고인돌 군의 다음 고인돌의 옆면에 형태가 불완전한 쐐기홈을 따라 선이 그어져 긴 홈이 파여 있다. 고인돌 조성 당시에 쐐기홈이 파였음을 나타낸다.

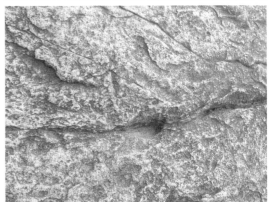

윗면에 쐐기홈이 파여 있는데, 두 홈은 파다가 중단한 듯한 모습이다.

두 쐐기홈이 눈을 표시하는 인물상이다. 쐐기홈이라기보다 눈을 표시하기 적합하게 판 홈으로 보인다.

코가 뚜렷하다. 이처럼 코가 뚜렷한 형상은 드물다.

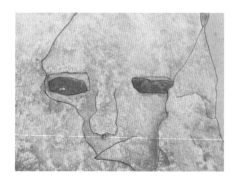

5. 제천 방흥리고인돌

충북대학교 박물관에 옮겨져 있는 방흥리고인돌에는 큰 바위구멍이 새겨져 있으며, 사각형을 이루며 쐐기홈이 파여 있다. 일반적인 쐐기홈과 다른 길쭉한 홈 형태다. 쐐기홈을 이용해 일자가 아닌 네모 형태로 바위를 잘라낼 수 없으므로 바위를 자르기 위한 것이 아님은 분명하다. 큰 바위구멍과 함께 새겨져 있어 쐐기홈과 바위구멍이 밀접한 관련이 있음을 보여 준다.

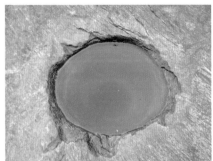
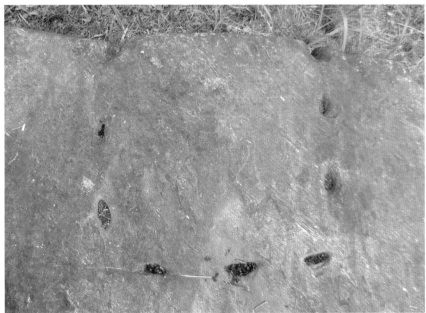

선을 이룬 쐐기홈이 인물상의 윤곽선을 이루며, 그중 두 쐐기홈이 눈을 형성한다.

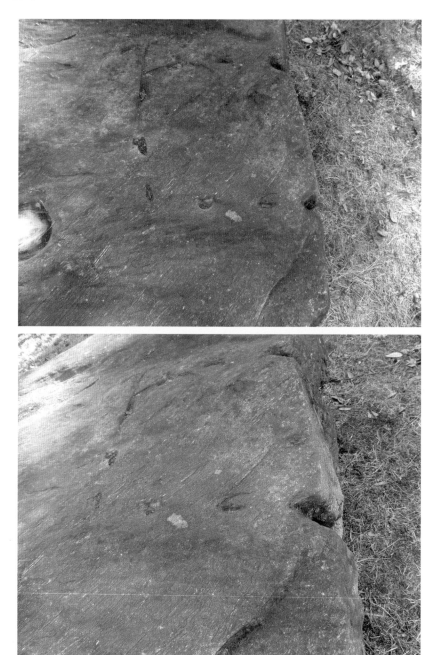

같은 곳에 해가 비추니 명암이 뚜렷해지며, 입을 표시하는 선과 눈 모양이 선명히 드러난다. 빛에 따라 형상이 크게 달라짐을 알 수 있다.

다음 형상들은 형태가 뚜렷하지 않아 형상임을 확정지을 수 없지만, 함께 보기로 하자.

물이 가득 고인 바위구멍과, 주변보다 낮은 곳에 고인 물이 함께 두 눈을 이룬 형상이다. 쐐기홈이 새겨진 부분이 주둥이를 이뤘고, 앞쪽에 길게 홈을 파 입을 표시했다. 쐐기홈이 바위구멍과 함께 형상을 이룬 드문 경우다.

위의 주변보다 낮은 곳에 고인 물이 증발한 후 남은 흙과 바위구멍이 두 눈을 이룬 형상이다.

큰 바위구멍과 사각형을 이룬 쐐기홈이 함께 생명형상을 표현해 특이한데, 이 고인돌에는 특이한 점이 또 하나 있다.

밑면이 윗면과 판이하게 다른 밝은색이다. 자연적 현상으로 보기 어려우므로 표면을 변화시켰을 것으로 추정되는데, 이에 대해서는 뒤에서 살펴보기로 한다.

윗면의 검은 색감이 밑면의 일부에만 일정하게 나타나는 것도 인위적인 현상임을 뒷받침한다.

6. 고창 상금리고인돌

반듯하게 잘린 고인돌에 쐐기홈으로 자른 자국이 보인다.

위에서 바라본 모습이다.

바위를 암반에서 쐐기홈을 이용해 떼어 냈다면, 이처럼 반쯤 잘린 쐐기홈 자국이 남아야 한다. 전국에 있는 수만 기의 고인돌을 감안하면 같은 형태의 고인돌이 더 있을 수 있겠으나, 현재까지는 유일하게 발견한 것이다.

그런데 쐐기홈 자국은 잘린 부분 일부에만 나타나 있고, 나머지 부분은 날카롭게 잘려 있다.

쐐기홈 없이 날카롭게 바위를 자를 수 있었음을 보여 준다. 쐐기홈 자국과 함께 나타나는 것은 날카롭게 잘린 부분이 사람에 의해 잘린 것을 증명하는 데 그 의미가 있다. 즉, 고인돌 조성 당시에 바위를 칼로 자른 듯 반듯하고 날카롭게 자를 수 있었음을 알리는 증표로 조성해 놓은 것으로 추정된다.

작은 규모의 고인돌 중간 부분에 파인 두 쐐기홈이 눈을 나타낸다. 앞의 순천 내우산고인돌에서도 유사한 형태를 볼 수 있었다.

다음 고인돌 윗면을 가로지르며 쐐기홈이 나타나 있다. 일반적인 쐐기홈과 모양이 다르고, 깊이가 낮아 바위를 자르기 위함은 아닐 것이다.

이중으로 파인 쐐기홈이 눈을 나타내는 듯하다.

7. 부여 산직리고인돌

부여 지역 다른 유물 답사 중 안내 지도에 표시돼 있어 방문했는데, 전혀 예상치 못한 모습을 보게 되었다.

고임돌에 고여진 것과 땅에 놓인 것 총 2기의 고인돌이 배치돼 있는데, 2기 모두 윗면에 여러 줄의 쐐기홈이 새겨져 있다.

안내판의 내용을 보자.

"거대한 바윗돌로 만든 무덤으로, 농경의 비중이 점차 커지던 청동기 시대에 나타났다. (중략) 현재 지석묘의 뚜껑돌에 보이는 자국들은 이 돌을 깨트려 석재로 사용하려 했던 후세 사람들의 채석공 흔적이다."

이 설명이 맞는지 살펴보자.

먼저 고임돌 하나에 고여진 고인돌이 무덤인지 여부를 분석해 보자.

다양한 방향에서 바라본 모습이다.

유사하게 하나의 고임돌에 고여진 고인돌을 고창고인돌공원에서도 볼 수 있다.

장난스럽게 하나의 돌에 고여진 이 고인돌들이 무덤이 아님은 자명하다.

고인돌과 땅 사이가 개방돼 있어 바위로 가려 보호하는 의미도 없다. 산직리 고인돌이 무덤이란 설명은 타당하지 않은 것으로 보인다.

고인돌이 무덤이라는 설명이 타당한지 살펴보자.

탁자식고인돌은 4면을 막은 무덤이라 한다. 순천고인돌공원 박물관에 게시돼 있는 사진을 보자.

덮개돌(上石)

받침돌(支石)

무덤방(石室)

그러나 답사한 탁자식고인돌 중에서 4면을 막은 고인돌은 없었다. 이에 대해 막음돌이 유실되었다 추정하는데, 이는 단지 추정일 뿐이며 사실과 다른 것으로 판단된다. 고임돌은 아주 낮은 것도 있고, 끝부분이 반듯하지 않아 막음돌을 세우려는 의도가 없는 것도 있고, 무엇보다 대부분 그 자체로 완결돼 보이기 때문이다. 탁자식고인돌은 4면을 막은 것이 아니라 상석 밑이 개방돼 있는 현재의 모습 그대로 조성된 듯하며, 따라서 무덤방을 갖춘 사체를 매장한 무덤이란 설명은 맞지 않다.

고인돌이 무덤이라면 모든 고인돌에 예외 없이 무덤방이 갖추어져 있어야 한다. 그런데 고창고인돌 등 무덤방을 갖추지 않은 고인돌이 많다.

한편 고인돌 안에서 유물이 출토되는데, 이는 무덤이어서가 아니라 유물을 의도적으로 매장해 타임캡슐처럼 일정 시점까지 간직하기 위한 것으로 판단된다.

고인돌이 무덤이 아님은 국내 최대 규모의 김해 구산동고인돌을 보아도 알 수 있다.

안내판의 내용을 보자.

"2007년 발굴된 김해 구산동 지석묘는 상석의 무게가 350여 톤 가량으로 국내의 지석묘 중에서 가장 큰 것으로, 남방식 지석묘의 특징을 가지고 있다. 특히 이 지석묘는 19미터 폭에 길이가 85미터에 달하는 국내 최대 규모의 묘역 시설이 있는데, 이 공간에서 무덤의 주인공에 대한 제사가 이루어졌을 가능성이 높다."

공인된 고인돌 중 규모가 가장 큰 것으로 알려진 고창 운곡고인돌, 화순 평매바위고인돌, 언양고인돌, 창녕 유리고인돌은 무게가 약 300여 톤에 이른다고 한다.

구산동고인돌은 현재 땅 속에 매몰돼 있으며, 안내 표지판으로 그 존재를 알 수 있을 뿐이다.

최대 크기의 고인돌이 이처럼 땅 속에 묻혀 있는 까닭은 무엇일까?

묻혀 있는 상태에서도 땅이 평평하듯이, 저지대에 위치해 있기 때문이다. 비가 오면 물이 고여 주변이 흙탕물로 뒤덮이게 되므로 보존을 위해 부득이 땅 속에 묻은 것이다. 이는 안내판의 내용과 모순된다. 저지대의 물이 고이는 곳에 무덤을 조성할 리 없기 때문이다.

"무덤"이고, "국내 최대 규모의 묘역 시설"이란 설명은 기존 이론에 무작정 맞춘 결과다. 구산동고인돌은 무덤일 수 없으며, 최대 규모의 묘역 시설은 부속 시설로 해석해야 할 듯하다.

이처럼 최대 규모 크기 고인돌과 부속 시설을 저지대에 조성한 이유는 무엇일까?

고인돌은 무덤으로 규정되며 보전에 기여했다. 이와 같이 일정 시점까지 무덤처럼 보이게 하면서도, 무덤이 아님을 증명할 수 있는 장치로 조성되었을 것으로 추정해 볼 수 있다. 최대 규모가 가지는 상징성은 큰데, 가장 큰 고인돌을 물이 고이는 저지대에 조성하여 무덤이나 제단이 아님을 나타내는 것이다.

한편, 새겨진 생명형상을 통해 예술품임을 증명하고 있다.

거북 형상이라 하는데, 좌측의 길게 늘인 거북 머리 모양 때문일 것이다.

우측을 보면 인물상이 뚜렷하다. 전체적인 형태가 그러하고, 튀어나온 바위가 눈을 표시한다. 홈을 파 입을 나타냈다.

반대쪽에서 보면 같은 고인돌일까 싶을 정도로 전혀 다른 모양인데, 양쪽으로 생명형상이 뚜렷하다.

　고인돌은 매장 시설을 갖춰 유물이 출토되는 중요한 기능을 하는데, 이는 무덤이어서가 아니라 유물을 후대에 전달하는 통로로서 그 기능에 맞게 조성된 것으로 보인다. 고인돌은 바위에 형상을 표현한 위대한 예술품으로 판단된다.

산직리고인돌의 뚜껑돌의 자국들이 "후세 사람들이 돌을 깨트려 석재로 사용하려 했던 흔적"인지 살펴보자.

고임돌에 고여진 고인돌에 정교하게 새긴 쐐기홈이 파여 있다.

끝단에 층이 져 있는데, 쐐기홈의 옆면을 가로로 떼어 내 형성한 모습이다. 쐐기홈을 따라 바위를 자르는 것과 전혀 다른 현상이다.

함께 놓인 고임돌이 없는 고인돌에도 유사한 현상이 나타난다.

많은 쐐기홈이 파여 있어 이 모양대로 바위를 자르기 위한 것으로 해석하기 쉽다.

두 줄의 쐐기홈을 따라 바위가 잘려 두 층을 이루고 있는데, 쐐기홈의 옆면을 가로로 떼어 낸 모습이다.

바위를 떼어 내고 잘린 면을 평평하게 다듬었다.

쐐기홈의 옆면을 가로로 떼어 냈는데, 일부는 그대로 남아 떼어져 나간 부분과 대비되어 바위가 떼어져 나갔음을 증명한다.

떼어져 나간 부분이 층을 이루고 있음이 잘 나타난다.

정을 사용한 흔적도 없으며, 절단면이 자연스러워 고인돌 조성 당시에 자른 것으로 추정된다. 후대에는 이처럼 바위를 자를 수 있는 시기가 없었기 때문이다. 따라서 쐐기홈이 "후대에 바위를 깨트려 석재로 사용하려 한 채석공"이란 설명은 맞지 않다.

쐐기홈의 옆면을 잘라 낸 것은 그 자체로는 아무런 의미가 없는 행위여서, 쐐기홈의 조성 시기를 알리기 위해 조치를 취해 놓은 것으로 판단된다.

일렬로 파인 쐐기홈이 반듯하게 잘린 부분에 평행을 이루듯이 방향을 바꾸었다. 쐐기홈이 바위를 자르기 위함이 아님을 나타낸다.

얼굴 형태로 다듬어진 부분에 맞추어 쐐기홈이 파여 있다. 바위를 자르려면 바위의 끝까지 쐐기홈이 이어져야 하므로, 바위를 자르기 위함이 아님을 의미한다.

쐐기홈에 나무를 끼우고 물을 부어 팽창시켜 그 압력으로 바위가 잘린다는 이론은 전혀 타당성이 없어 보인다.

나무가 물에 의해 부풀게 되면 물러지므로, 팽창해도 압력이 가해지지 않을 것이다. 위쪽이 열려 있어 위쪽으로도 부풀어 압력이 분산된다. 특히 바위 옆면에 새겨진 쐐기홈은 물이 흘러내려 적용될 수 없다.

어떻게 이런 이론이 정설인지 이해하기 어렵다.

반듯하게 잘린 부분과 쐐기홈에 나무를 끼워 물을 부어 팽창시켜 바위를 자르는 원시적인 방식은 어울리지 않는다.

고창 상금리고인돌에서 살펴보았듯이 고인돌 조성 시대에 이처럼 반듯하게 바위를 자르는 다른 방법이나 도구가 있었을 것으로 추정된다. 이는 쐐기홈을 이용해 바위를 자르지 않았음을 의미한다.

쐐기홈이 나타내는 생명형상을 보자.

먼지 땅에 놓인 고인돌의 생명형상이다.
쐐기홈이 두 눈을 나타낸다.

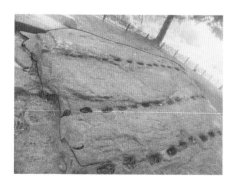

길게 이어지는 쐐기홈이 인물상의 윤곽선을 이룬다. 크기와 형태가 적합한
두 쐐기홈이 눈을 표시한다.

쐐기홈이 머리카락 부분의 윤곽선을 이룬 뚜렷한 인물상이다.

앞 형상의 입이 한 눈을 이룬 인물상이다.

고임돌에 고여 있는 고인돌의 생명형상을 보자.

고여 있는 밑면이 인물상임이 뚜렷하다.

쐐기홈이 머리카락 부분의 윤곽선을 이룬다.

땅에 놓인 고인돌의 한 면이 칼로 자른 듯 반듯하고 날카롭게 잘려 있는데, 절단면이 매끈하지 않고 자연스러워 기계칼로 자른 것과 다르다.

반듯하게 다듬어진 면에 한자가 쓰여 있다.

앞에서 살펴보았듯이 옥천 안터1호고인돌에서 발굴된 유물에 적힌 '사람(人)' 자는 고인돌 조성 당시 한자가 사용되고 있었음을 의미한다.

이곳에 적혀 있는 한자도 고인돌 조성 당시 쓰였을 가능성에 대해 분석해 보자.

확정할 수는 없지만, '봉(峯)' 자와 '을(乙)' 자의 획이 인물상의 두 눈을 표시하는 듯하다.

알 수 없는 글자가 새겨진 듯한데, 뚜렷하지는 않으나 선이 입을 표시하는 인물상으로 볼 수 있다. 그렇지 않고서는 선이 그어져 입을 표시하는 이유와 선 아래 아무것도 쓰여 있지 않은 부분까지 왜 테두리 안에 포함시켰는지 설명이 안 된다.

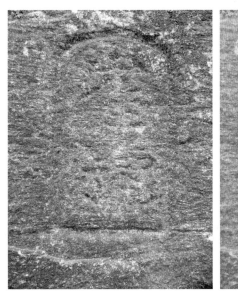 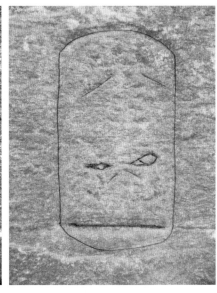

한자가 생명형상을 표현하는 것으로 보이므로 이 한자들은 고인돌 조성 당시에 새겨졌을 것으로 추정된다.

전작에서 천전리각석 하단에 새겨진 한자들이 암각화 조성 당시의 것이며, 따라서 암각화 조성 당시에 한자가 사용되었음을 살펴보았는데, 고인돌과 그 유물에서도 증거가 발견되고 있다.

고임돌에 고여 있는 고인돌 윗면에 한글이 적혀 있는데, 뚜렷한 아래 글자와
달리 위쪽은 의미를 알기 어렵다.

글이 생명형상을 표현하는 듯 보이므로 글이 고인돌 조성 당시에 새겼음을
나타내는데, 이는 고인돌 조성 당시에 한글이 사용되었음을 의미한다.

고인돌과 암각화를 조성한 때는 선사 시대로, 선사 시대 어느 때인가 문자가
사용된 시대가 있었음을 알 수 있다.

발달한 문명이 기후의 급격한 변화 등 알 수 없는 이유로 저물고 다시 문명이
시작되어 현재에 이르렀다는 설이 있는데, 이를 뒷받침하는 것은 아닐까?

8. 결언

고인돌에 나타난 쐐기홈이 바위를 자르거나, 자르려 한 흔적이 아님은 분명하다. 많은 쐐기홈이 중앙부에만 파여 있으며, 쐐기홈으로 잘랐음이 증명되는 고인돌은 앞에서 본 상금리고인돌이 유일하기 때문이다. 그마저도 쐐기홈으로 자르기보다 다른 방법이 사용되었음을 보여 주는 용도로 조성해 놓은 듯하다.

쐐기홈이 형상을 표현해 바위구멍과 같은 기능을 하기도 하는데, 연이어 파인 쐐기홈이 생명형상을 표현하는 데는 한계가 있어 생명형상을 새기는 것이 주목적은 아닌 것으로 추정된다.

쐐기홈은 사람의 손이 닿았음을 나타내는 표시의 기능을 위해 파인 듯하다.

자연 바위나 암반에도 쐐기홈이 나타나는데, 지면 관계상 여기에서는 살펴보지 않기로 한다.

고인돌의 쐐기홈은 자연 바위나 암반의 쐐기홈도 고인돌을 조성한 주체에 의해 새겨졌을 가능성이 크다는 것을 의미한다. 다시 말해, 자연 바위에도 사람의 손길이 닿았음을 증명하는 표시의 기능을 하는 것이다.

5장

고인돌 표면의
변화

탁자식인 강화 부근리와 점골고인돌은, 상석의 윗면과 밑면의 색감과 질감이 크게 다르다. 동일 재질 바위의 색감과 질감은 전체적으로 유사해야 하는데, 이처럼 다른 이유는 무엇일까? 고인돌은 인위적으로 설치한 바위로, 설치에 알맞게 형태를 다듬었기 때문에 바위의 윗면과 밑면의 색감과 질감이 다르다면, 인위적으로 변화시킨 것일 수 있다.

대구 천내리고인돌을 조사할 때다. 천내리고인돌에 원형의 암각화가 새겨져 있다고 하여 상세하게 살펴보는데, 빛의 영향인지 세밀히 살펴도 찾기가 쉽지 않았다. 그런 와중에 표면의 일부가 깨져 나간 곳을 보니 다른 부분과 성분이 다르게 보였다.

천내리고인돌 군의 다음 고인돌에 동심원이 새겨져 있다.

깨진 부분에 원래의 암석으로 보이는 암질이 드러나 있다.

매끄럽게 드러나 있는 곳의 암질이 주변과 확연히 다르다.

색감의 차이가 크지 않아 유심히 살피지 않으면 지나치기 쉬운데, 분명하게 다른 성분의 바위여서 표면을 변화시킨 것이 아닌가 하는 의문이 들었다. 이후 조사를 통해 상당수 고인돌 표면이 변화되었음을 확인할 수 있었다.

추후 조사가 진행되면서 고인돌 바위의 표면이 변화되었음은 굳이 조사를 하지 않더라도 쉽게 알 수 있으며, 단지 생각이 미치지 못하였을 뿐임을 깨달았다. 많은 고인돌의 윗면과 밑면의 색감과 질감이 확연하게 달랐기 때문이다. 밑면을 살펴보는 것만으로도 쉽게 알 수 있는 것이다. 낮게 고인 탁자식고인돌과 땅에 놓인 고인돌은 밑면이 잘 보이지 않는다. 의도적으로 살피지 않으면 이를 파악할 수 없었을 뿐이다.

지나고 보니 답사 초창기에 이미 윗면과 밑면의 색감이 다른 고인돌을 봤지만 전혀 의문을 갖지 못했다. '보고도 알지 못한다.'라는 말 그대로다.

이 장에서는 고인돌 표면을 변화시켰음을 살펴보고, 그 이유와 방법을 추론해 보기로 하자.

1. 윗면과 밑면이 상이한 고인돌

고인돌 표면을 변화시켰음을 입증할 수 있는 증거를 발견하고 이를 밝힐 수 있다는 확신이 선 시점이 얼마 되지 않아서, 이 관점으로 많은 지역의 고인돌을 조사하지는 못했다. 일부 지역만을 살펴봤지만 다른 지역에도 유사한 고인돌이 많을 것으로 판단된다. 윗면과 밑면의 질감과 색감이 다른 고인돌을 간략히 보자.

연천 통현리2호고인돌의 상석 윗면과 밑면의 색감이 검정색과 황토색으로 완전히 다르다.

춘천 천전리고인돌도 연천 통현리2호고인돌과 유사하다.

고창 상금리고인돌이다.

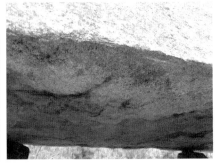

　다음 고창 상금리의 고인돌은 땅에 묻혀, 밑부분은 알 수 없지만, 쐐기홈이
새겨진 옆면과 반대면의 색감이 전혀 다르다.

전북대학교 박물관에 옮겨져 있는 전주 여의동고인돌은 낮게 고여져 육안으로 밑면을 확인하기 어려운데, 크게 깨져 나간 옆면의 색감이 다른 부분과 전혀 다르나.

이외에도 윗면과 밑면의 질감과 색감이 현저히 다른 고인돌이 많은데, 관련된 주제를 다룰 때 함께 살펴보기로 한다.

동일 바위의 윗면과 밑면, 옆면의 색감이 다른 고인돌들은 표면이 변화였음이 분명한데, 풍화 등의 자연적인 요인이 아닌 인위적으로 바위 표면을 변화시킨 구체적이고 직접적인 증거를 찾아 보자.

2. 무명비

먼저, 인공적으로 가공한 비석을 통해 바위 표면을 변화시켰음을 살펴보자.

서울역사박물관 야외에 서울 마포구 현석동에서 출토된 비문이 새겨지지 않은 비석이 세워져 있다. 안내판의 내용을 보자.

"2013년 주택재개발사업 공사 도중 받침돌 없이 비신만 출토되었다. 표면이 거칠고 비문이 새겨지지 않은 것으로 보아 제작하다가 중단된 것으로 보인다. 비록 미완성 비석이지만 화려한 이수의 조각상 등 자료적 가치가 있어 받침대를 설치하고 이전 설치하였다."

최근에 서울 도심 한복판에서 비문이 새겨지지 않은 비석이 땅속에서 출토되었다고 하니 특이한 느낌이 든다. 이수에 화려한 조각상이 없다면 자료적 가치가 없어 옮겨져 전시되지 않고 폐기되거나 어디론가 사라졌을 것이다.

(전면)

(후면)

비문이 새겨지지 않은 것과 더불어 비신의 표면이 거칠어 제작하다가 중단한 것으로 추정하는데, 비신은 사면이 반듯하고 두께가 적당해 제작하다가 중단한 것이 아니라 다듬는 작업이 끝난 완성품으로 보인다. 이수를 화려하게 조각했으므로 비석을 제작하려는 의도는 분명한데, 왜 이렇게 표면이 거친 바위를 선택했을까?

(전면)

(후면)

결론부터 이야기하면 비석을 세우려 제작하지 않았다는 것이다.

원석의 바위에 다른 물질을 시멘트 바르듯이 덧붙여 다른 색감과 질감을 띠도록 할 수 있었음을 증명하는 용도로 제작해 놓은 듯하다.

다른 물질이 덧붙여진 것은 표면에 포획돼 있는 작은 조약돌을 보면 쉽게 알 수 있다. 표면이 매끄러워 물가에서나 볼 수 있는 조약돌이 다른 바위 안에 들어 있다가 표면을 깎아 다듬을 때 드러났을 리 없다. 그렇다고 자연적으로 부착될 수도 없으므로, 인위적으로 부착하지 않고서는 이런 형태가 나타날 수 없다.

옆에서 보면 조약돌이 돌출되거나 움푹 들어가지 않고 옆면과 평면을 이루고 있다. 비석의 반듯한 면에 일치하는 모양의 조약돌을 선택해 인위적으로 부착해 놓았음이 명백하다.

조약돌 옆 표면이 거친데, 자연 바위 표면이라기보다 시멘트를 미장하듯이 다른 물질이 덧붙인 것으로 보인다.

바위의 원래 암질은 무엇일까?

비신 옆면은 세로로 길고 굵은 홈이 선을 이루며 파여 있는데, 색감이 파이지 않은 부분과 많이 다르다.

홈의 선이 조각이 된 이수까지 이어져 있는데, 비신과 이수 홈 부분의 색감이 같으므로 같은 재질임을 알 수 있다. 비신과 이수가 원래 같은 재질이라면, 비신 표면의 거친 질감과 색감은 원래의 바위 표면이 아닐 가능성이 크다.

홈의 선이 조각이 완성된 이수까지 파여 있는데, 이는 홈의 선이 원래부터 있던 것이 아니며, 이수의 조각이 완성된 후 파였음을 의미한다. 비신에 길게 이어진 홈의 선이 이수 부분까지 이어지며 자연적으로 파일 리가 없으므로, 원석의 재질을 알 수 있도록 의도적으로 파 놓은 것으로 추측된다.

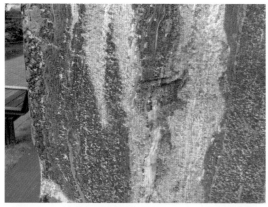

길게 파인 홈은 회색빛
인데, 더 깊게 파인 곳은
검은빛을 띤다.

모서리의 깨진 부분도
유사한 검은빛이다. 결국
파인 부분에 나타난 검은
빛의 바위가 원석이며, 그
위에 다양한 색감의 물질
을 입혀 비신을 완성했을
것으로 추정된다.

원래의 바위와 입힌 곳이 뚜렷하게 구분된다.

검은색 물질과 회색 물질이 모두 원래의 바위 색과 달라, 누군가 의도적으로 입혔음을 알 수 있다. 입힌 물질의 재질이 원석의 바위처럼 단단하지 않아 보이는데, 글을 새기면 부스러져 반듯하게 글을 새길 수 없을 것이다. 이는 비석으로 제작되지 않았음을 방증한다.

작은 돌멩이처럼 보이는 물질들이 촘촘히 박혀 있거나, 다른 물질이 덧붙여져 있다.

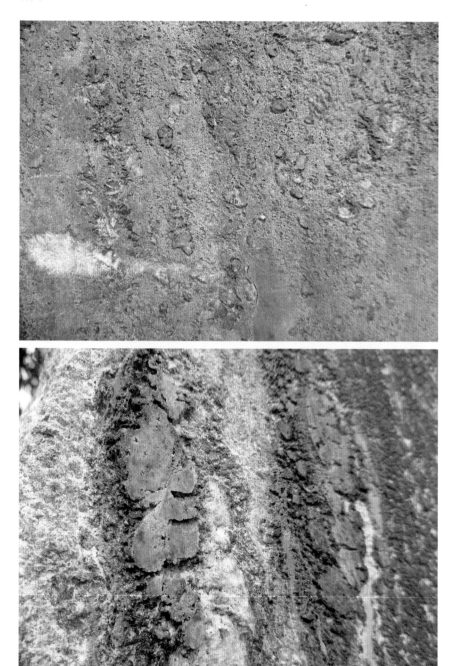

표면에 녹슨 듯한 부분이 보인다. 바위가 녹이 슬 리 없지만 녹슨 모습과 유
사하여 자석을 대 보니 붙지 않는다.

녹슨 듯한 무늬는 자연 바위나 강가의 돌에서도 많이 보이는데, 표면이 가공
된 무명비에 나타난 이유는 무엇일까? 자연 바위에 나타난 것과 유사한 형태로
무명비에 가공했기 때문으로 보이는데, 그 증거가 대구 상인동고인돌에 나타나
있다.

경북대학교 박물관에 옮겨져 있는 대구 상인동고인돌을 보자.

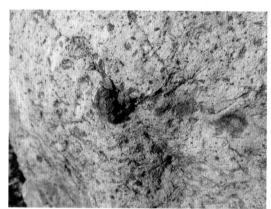

옆면에 녹슨 듯한 물질이 나타나 있다. 이 물질에 작은 돌이 붙어 있어, 자연적으로 생성되지 않았음을 증명한다.

이 고인돌 윗면에 녹슨 듯한 물질이 둥근 원을 이루고 있다. 인위적이지 않고는 나타날 수 없는 모습이어서, 녹슨 듯한 물질이 사람에 의한 것임이 증명된다.

다른 부분과 색이 다른 둥근 원이 위의 원과 나란히 보이는데, 마찬가지로 자연적으로 나타나기 어려운 모습이다. 바위 색을 변화시킨 것으로 추정되는데, 이에 대해서는 뒤에서 살펴보기로 한다.

형태가 뚜렷하지는 않으나, 두 원이 인물상의 눈처럼 보인다. 생명형상을 표현하는 기능을 해, 두 원이 모두 인위적 현상임을 나타낸다.

고인돌에 나타난 녹슨 듯한 무늬가 인공적임이 분명하므로, 무명비에 나타난 녹슨 듯한 무늬도 인공적인 현상으로 추정할 수 있다. 이는 무명비 표면이 인위적으로 가공되었음을 증명한다.

무명비에 나타난 생명형상을 살펴보자. 옆면에 나타난 뚜렷한 사람형상이다.

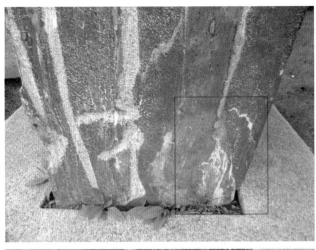

뚜렷한 생명형상이 새겨져 있어, 무명비가 사람에 의해 표면이 입혀진 것임이 분명하게 드러난다. 이처럼 사람이 바위 표면에 다른 물질을 입혀 표면의 색감과 질감을 변화시킬 수 있고 실제 변화시켰다면, 고인돌의 표면도 변화시켰을 수 있다.

이를 증명하는 용도로 무명비를 제작하여 땅에 묻고, 그것이 때가 되어 세상에 모습을 드러낸 것은 아닐까? 고인돌의 생명형상이 밝혀질 즈음인 2013년도에 무명비가 출토된 것도 기막힌 우연의 일치다.

3. 옥천 지역의 선돌

옥천 선사공원에 옮겨져 있는 옥천 지역의 선돌들을 살펴보자.

무심코 방문한 옥천 지역 선돌에서 고인돌 표면이 입혀진 결정적 증거를 발견할 수 있었다.

(1) 용호리화일2호선돌

검은 물질 사이로 긴 흰 돌과 조약돌들이 함께 평평한 면을 이루고 있다.

형태를 그대로 유지하며 박혀 있는 조약돌도 있어, 주변의 검은색의 물질로 고정돼 있음이 잘 나타난다.

포획돼 있는 긴 흰 돌의 접촉면을 보면, 검은 물질이 시멘트처럼 미장돼 있다. 사람에 의해 다듬어져 세워진 선돌임을 감안하면, 자연적으로 형성되기보다 앞에서 본 무명비와 같은 방식으로 제작된 것으로 판단된다.

안내판에 "두께가 고른 판자 꼴 형태"라고 되어 있는데, 옆면을 보면 의미를 알 수 있다.

판이한 성분의 돌들이 얇은 옆면의 중앙부에 포획돼 있다.

뒷면을 보자.

불규칙한 형태의 바위구멍이 눈을 나타내며 인물상이 뚜렷하다. 고인돌과 동시대의 산물인 선돌도 생명형상을 표현하고 있음이 자명하다.

바위구멍이 눈과 입을 이루었다.

다양한 성분의 돌들이 포획돼 있다. 성분이 다양할 뿐 아니라 대부분의 돌들이 원래의 모양대로 튀어나와 있는 반면, 표면과 일치하도록 평평하게 다듬어진 것도 있어 인위적으로 덧붙여 놓았음이 자명하다.

266

뚜렷하지는 않지만 포획돼 있는 긴 돌이 코와 입을 표시하는 듯하다.

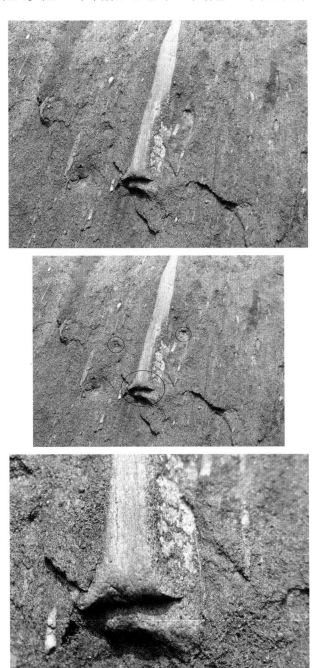

긴 돌을 다른 물질이 덮고 있는데, 돌이 포획돼 있다기보다 원석 바위가 드러
난 것일 가능성이 크다.

용호리화일2호선돌 옆에, 용호리화일1호선돌이 함께 서 있다.

안내판에 암질이 동일하게 편마암이라 하는데 질감과 색감이 전혀 다르다.

홍호리화일2호선돌이, 편마암에 다른 물질을 입혀 놓았기 때문일 것이다.

(2) 막지리막기1호선돌

안내판에 용호리화일1호선돌과
같이 암질이 편마암이라 되어 있는
데, 깨진 위쪽 부분과 아래쪽의 색
이 다르다. 용호리화일1호선돌과
같은 물질이 입혀진 듯하다.

긴 돌이 포획돼 있다.

포획된 돌과의 경계가 일직선으로 반듯하게 구별된다. 다른 물질이 덮고 있음이 잘 나타난다.

아랫부분에 길게 드러난 돌은 포획된 것이 아니라 원래의 암질인 편마암이 드러난 것으로 보인다.

(3) 막지리막기2호선돌

용호리화일2호선돌, 막지리막기1호선돌과 유사하다.

원석의 바위와 전혀 다른 성분의 돌들이 부착돼 있다.

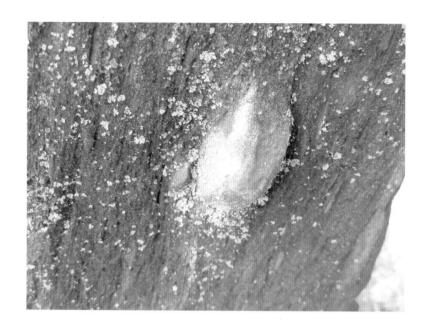

(4) 막지리막기3호선돌

앞의 선돌들과 마찬가지로 원석인 편마암에 조약돌이 자연적으로 부착될 수 없으며, 모두 무명비와 같은 기법, 목적으로 제작해 놓은 것으로 판단된다.

막지리의 3기의 선돌 중 규모가 가장 크며, 그만큼 표면에 많은 돌이 부착돼 있다.

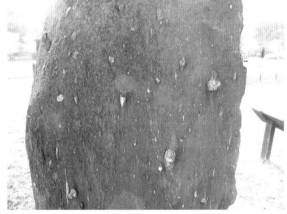

세 선이 그어져 눈과, 코, 입을 표시한다. 위쪽의 짧은 선이 눈을 이루고, 아래 두 선이 코, 입을 나타낸다.

이상으로 살펴보았듯이, 옥전 지역의 여러 선돌이 원석의 바위에 다른 물질을 입혀 제작되었다. 모두 동일한 기법이 적용되었으면서, 사람에 의함이 명확한 무명비와 같으므로 인위적으로 제작되었음이 증명된다.

선돌은 출토유물을 통해 고인돌과 동일 주체에 의해 제작되었음이 인정되므로, 표면이 변한 옥전 지역의 선돌은 고인돌도 표면을 변화시켰을 수 있음을 증언한다. 앞에서 본 고인돌들의 상석 윗면과 밑면의 질감과 색감이 전혀 다른 이유를 설명하고 입증할 실마리가 되는 것이다.

4. 고창고인돌의 돌출된 선

고창고인돌공원의 안내판의 내용을 보자.

"고인돌의 주재료는 화산암의 일종인 유문암을 주로 사용하였으며, 뜨거운 화산재가 두껍게 쌓여 만들어진 응회암과 석영안산암 등이 사용되었다."

고인돌에 사용된 응회암
(Tuff Used to Build Dolmen)

이와 함께 고인돌에 사용된 응회암의 사진이 게시되어 있다.

사진의 응회암에는 선이 나타나 있는데, 두드러지지 않아 얼핏 보면 큰 의미가 없어 보인다. 그러나 자세하게 관찰하면 대단히 중요한 사실이 드러난다.

반듯한 가로선과 수직선이 교차하는데, 두 선의 느낌이 다르다. 선을 세밀하게 살펴보면 가로선은 홈이 파인 선이며, 수직선은 홈이 파인 선이 아니기 때문이다. 선이 돌출돼 있는 것이다. 안내판의 사진만으로 선이 돌출돼 있음을 알아보기는 어려운데, 이를 고인돌에서 확인한 후 다시 보면 돌출되어 있음이 뚜렷하게 구별된다.

바위에 나타난 선이 홈이 파이며 그어지지 않고 돌출될 수는 없어, 인위적으로 조성되었음이 명백하다. 무명비와 옥천 지역의 선돌처럼 다른 물질을 입혀 표면을 변화시키고 그 증표로 돌출된 선을 남긴 것으로 해석되는데, 이에 대해 자세하게 분석해 보자.

다음 고인돌에 돌출된 선들이 뚜렷하게 나타나 있다. 돌출된 선이 전체 표면 과 동일한 물질이어서 표면을 입힐 때 돌출되게 선을 조성했을 것으로 판단된다.

돌출된 선과 파인 선이 'X' 자로 교차하고 있다.

돌출된 선이 평행을 이루기도 한다.

돌출된 선이 나타나 있는 고인돌들이다.

가로선과 세로선이
수직으로 교차하는데,
세로선은 파인 선이고,
가로선은 돌출돼 있
다. 가로선 곳곳에 홈
이 파여 언뜻 보면 파
인 선처럼 보이나, 돌
출돼 있는 선이다.

가로로 깊게 파인 선들을 돌출된 선이 수직으로 교차하고 있다.

파인 선과 돌출된 선이 함께 나타나 있고, 돌출선이 'X' 자로 교차한다.

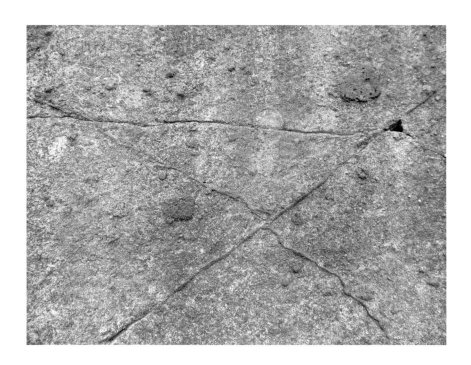

'X' 자로 교차한 선이 파인 선과 이어져 있고, 선들이 형상을 그린다.

선이 길게 이어져 있는데, 아랫부분은 파인 선이고 윗부분은 돌출돼 있다.

돌출된 선

파인 선

286

고인돌 전체 면에 걸쳐 길게 선이 보이는데, 돌출된 아래쪽 선과 파인 위쪽 선이 하나로 이어져 있다.

돌출된 선

위의 선을 이용해 형상을 표현한다. 윗부분의 파인 선이 윤곽선을 이루고, 둥근 세 홈이 눈과 입을 표시한다.

다음 고인돌 윗면에 돌출된 선과 바위구멍이 함께 나타나 있다. 바위구멍이 인물상의 눈을 이룬다.

바위구멍과 함께 나타난 돌출된 선은 선이 인위적으로 조성되었음을 나타낸다.

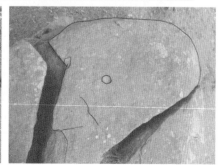

선이 길게 이어져 있는데, 아래쪽은 파인 선이며 두 갈래로 갈라지는 윗부분은 돌출돼 있다.

선을 그어 입을 이루고, 돌출된 두 물질이 눈을 나타내는 인물상이다. 눈을 나타내는 돌출된 물질도 선과 같은 방식으로 조성한 듯하다.

돌출된 선이 자연적으로 생성될 리 없다. 실제로 자연 바위뿐 아니라 다른 고인돌에도 거의 나타나지 않는다. 고창고인돌공원의 450여 기 고인돌 중, 돌출된 선이 나타난 고인돌이 한 구역에 집중적으로 모여 있는 것도 자연적이지 않음을 시사한다. 고인돌이 바위를 채석한 후 형태와 표면을 다듬어 설치했던 것을 감안하면 인위적인 현상이 분명하다. 생명형상의 표현도 이를 증명한다.

무명비와 옥천 지역의 선돌에서 표면에 다른 물질을 입혔음을 보았는데, 고인돌에도 표면에 다른 물질을 입히고, 이를 통해 선을 표현했음이 자명하다. 고창고인돌을 이루는 응회암으로 보이는 바위들이 사실 응회암이 아니며, 다른 원석의 바위에 응회암처럼 보이는 물질을 입힌 것이란 결론이다.

이는 고인돌 표면에 다른 물질을 입혀 색감과 질감을 변화시켰음을 증명한다.

5. 고창고인돌 바위의 원석

돌출된 선을 통해 고창고인돌공원의 고인돌 표면에 다른 물질이 입혀졌음이 밝혀졌다. 응회암처럼 보이는 것이 실은 응회암이 아니므로, 여기에서는 원석이 드러난 고인돌을 대상으로 고창고인돌 바위의 원석을 찾아보자.

전체적으로 표면이 응회암으로 보이는 다음 고인돌들의 표면 깨진 곳을 보면, 원석이 응회암이 아닌 다른 암질의 바위임이 쉽게 확인된다. 화산재가 굳어져 이루어진 응회암과 달리 경도가 높은 일반 바위로 보이는 것이다.

입혀진 부분과 원석이 뚜렷이 대비된다.

다음 고인돌의 깨진 부분에 원석이 드러나 있다.

깨진 부분에 드러난 원석과 뚜렷이 구분되는 입혀진 모습이다.

밑면도 입혀졌음이 잘 나타난다.

깨진 곳에 드러난 원석과 윗면, 밑면의 색감이 확연히 다르다. 윗면과 밑면이 다른 색감의 물질로 입혀졌음을 의미한다.

다음 고인돌도 마찬가지다.

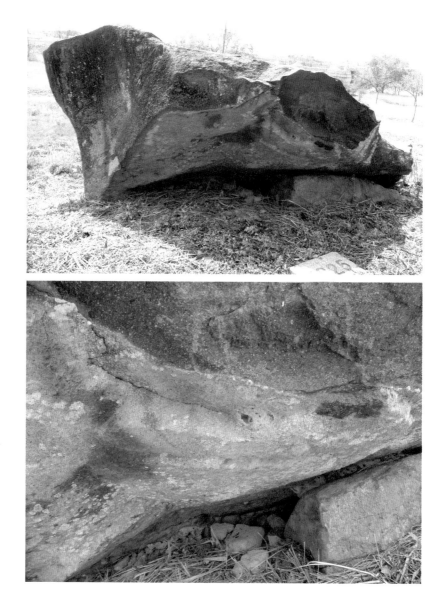

　이상에서 보듯이, 고창고인돌을 이루는 응회암으로 보이는 바위들이 응회암이 아니며, 깨진 곳에 드러난 김은색의 암질이 원석임을 알 수 있다. 이 원석에 다른 물질이 입혀져 응회암처럼 보인 것이다.

다음 고인돌 깨진 부분을 보면, 검은색의 원석에 회색의 물질이 덧붙여져 있음이 잘 나타난다.

이 고인돌을 다른 방향에서 보면, 뚜렷한 인물상이 새겨져 있다.

얕게 입혀진 부분과 원석의 접한 부분이 윤곽선을 이루며, 불규칙한 형태의
바위구멍과 홈이 눈을 표시한다.

다음 고인돌은 표면이 입혀졌음이 확연하다.

밤색의 바위 한 면이 밝은 색인데, 밝은 색 위로 밤색 물질이 흘러내리는 듯하다. 밤색 물질이 입혀진 것으로 해석된다.

위 고인돌의 밤색 부위는 밝은 색의 곳이 풍화된 것은 아닐까?

돌검 암각화가 새겨진 포항 인비리고인돌을 보자.

밤색과 밝은 색이 대비되는데, 밤색의 곳에 새겨진 돌검의 윤곽선이 밝은 색이다. 고인돌 조성 당시 밤색 부위에 새긴 돌검이 오랜 세월이 지났음에도 풍화되어 밤색으로 변하지 않고, 밝은 색을 그대로 유지하고 있는 것이다.

고인돌에 나타난 밤색이 풍화로 인해 생성된 것이 아님을 나타낸다.

　　고인돌의 깨진 부분에 드러난 곳이 원석으로 보이는데, 원석이 주위와 다른
어두운 색감으로 형상의 한 눈을 나타냈다. 원석이 생명형상을 표현하는 기능
을 하는 것이다. 밤색과 원석 주위의 밝은 색이 모두 입혀졌음을 알 수 있는데,
이에 대해서는 뒤에서 더 살펴보기로 한다.

　　이로써 고창고인돌을 이룬 응회암은 응회암이 아니며, 검은색 암질의 원석에
무명비나 옥천 지역의 선돌처럼 다른 물질을 입힌 것임이 분명해졌다. 고인돌에
다른 물질을 입혀 표면의 색감과 질감을 변화시켰음이 입증된 것이다. 고인돌
표면을 변화시킨 이유와 의미에 대해서는 뒤에서 차츰 살펴보기로 하자.

6장

바위구멍과 쐐기홈의
조성 시기

바위구멍은 고인돌보다 한참 후대의 유물에도 나타나므로 고인돌의 바위구멍도 후대에 새겨졌을 가능성을 배제할 수 없다.

앞에서 고인돌의 바위구멍이 선과 함께 나타난 경우, 고인돌 조성 당시 새겨졌음을 증명할 방법이 있음을 살펴보았다.

이와 더불어 고인돌에 새겨진 바위구멍이 고인돌 조성 시기에 새겨졌음을 보다 직접적으로 증명할 수 있는 방법이 있다. 고인돌 표면의 색감의 변화가 그 실마리를 제공한다.

1. 바위구멍의 조성 시기

앞에서 바위구멍이 생명형상을 표현하고 있음을 알 수 있었던, 바위구멍이 뚜렷한 연천 무등리 고인돌을 보자. 전체적으로 검은빛을 띠고 있다.

밑면은 보이지 않지만 접하는 부근을 보면, 원래의 바위 색으로 보이는 밝은 색감이 여러 곳 드러나 있어 밝은 원석의 바위에 검은 색감이 아주 얕게 입혀진 듯하다.

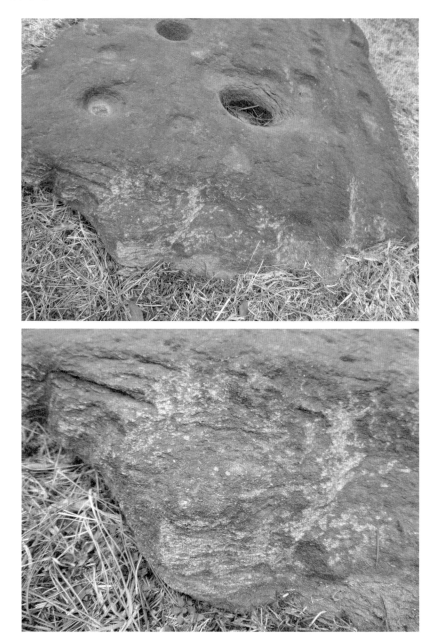

원석이 밝은 빛이므로 깊게 파인 바위구멍도 밝은 빛이어야 한다. 그런데 다른 표면과 같은 검은색이다. 이는 표면을 입힌 이후 바위구멍을 새긴 것이 아니라 원석에 바위구멍을 새긴 이후 표면을 입혀 검게 변화시켰으며, 이때 바위구멍도 함께 검게 변화시켰음을 나타낸다.

고인돌을 조성한 이후 바위 표면의 색을 변하게 한 문명은 없었으므로, 바위구멍이 고인돌을 조성할 당시에 새겨졌음이 증명된다.

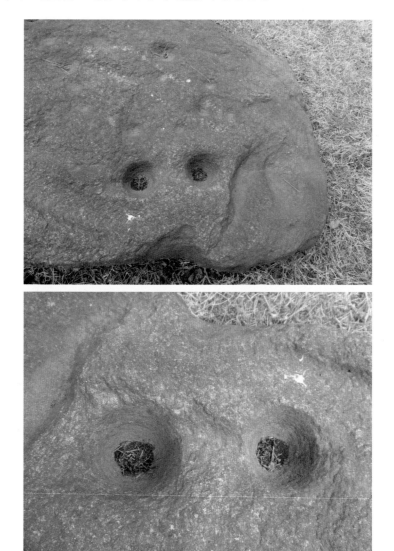

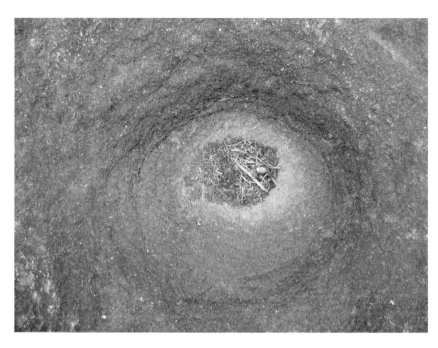

윗면에 표면이 깨져 밝은색을 보이는 곳이 있다. 표면이 아주 얕게 입혀졌음을 볼 수 있다.

위의 표면이 얕게 깨져 밝은색감을 보이는 곳과 함께, 작은 바위구멍이 두 눈을 이루어 형상을 표현하고 있다. 작은 바위구멍이 입을 나타낸다. 얕게 깨진 곳이 의도적인 현상임을 알 수 있다.

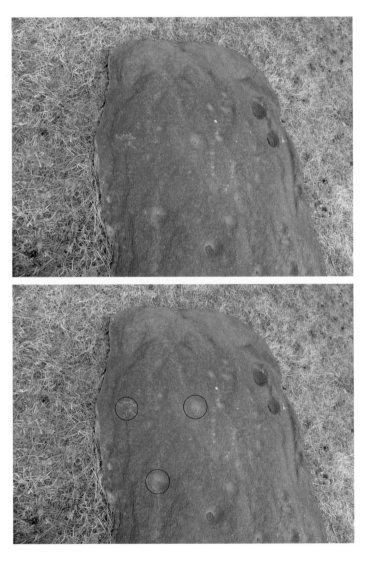

작은 바위구멍도 깊게 파인 바위구멍처럼 검은색으로, 주변 표면과 색이 같다. 바위구멍을 판 이후, 전체 표면과 바위구멍에 아주 얕게 색감을 입힌 것으로 추정되며, 이외에 다른 이유를 찾기 어렵다.

연천 진상리1호고인돌을 보자.

앞에서 바위구멍이 생명형상을 표현함을 살펴보았다.

양 측면의 색감이 검은색과 밝은색으로 다르다. 밝은색의 원석에 검은색이 입혀진 것으로 추정된다.

많은 바위구멍이 파여 있는데, 주변과 색감이 같다.

깊게 파인 바위구멍도 주변과 색감이 같다.

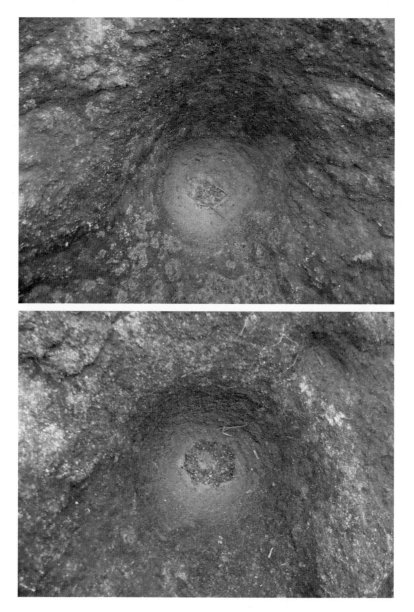

원석이 밝은색인 고인돌의 바위구멍이 주변과 같은 검은색이어서, 바위구멍을 판 후 검은색을 입혔음을 알 수 있다. 바위구멍이 고인돌 조성 당시에 새겨졌음을 의미한다.

연천 진상리2호고인돌이다.

검은색의 표면 곳곳에 밝은색이 나타나 있다. 밝은색의 원석에 검은색을 입혔음이 잘 드러난다.

마찬가지로 밝은 원석에 파인 일종의 홈인 바위구멍이 검은색을 나타내고 있어, 바위구멍들이 고인돌 조성 당시에 새겨졌음이 증명된다.

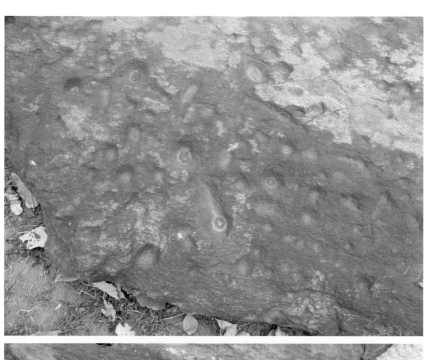

윗면이 검은색이고 밑면이 밝은색인, 원광대학교 박물관에 옮겨져 있는 고창 아산면고인돌 군의 다음 고인돌을 보자.

상석의 윗면이 검은색인데, 깨진 부분은 흰색이다. 흰색 위에 검은색을 얇게 입혔음을 나타낸다.

위의 깨진 부분 옆에 바위구멍이 함께 나타나 있는데, 색이 검다. 바위구멍을 판 이후 검은색을 입혔음을 알 수 있다. 바위구멍이 고인돌 조성 당시에 새겨졌음을 의미한다.

바위구멍과 깨진 부분의 흰색이 두 눈을 나타낸 형상이다.

바위구멍과 깨진 부분 모두 철저한 의도하에 새겨졌음을 알 수 있다.

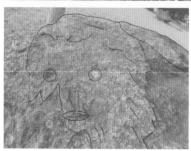

2. 쐐기홈의 조성 시기

고인돌에 나타난 쐐기홈도 동일한 방식으로 분석해 보자.

앞에서 원광대학교 박물관에 옮겨져 있는 고창 아산면고인돌의 윗면에 새겨진 바위구멍이 고인돌 조성 당시에 새겨졌음을 분석해 보았는데, 함께 전시돼 있는 다음 고인돌의 옆면에 쐐기홈이 파여 있다. 밑면이 흰색이며 함께 놓여 있으며 바위구멍이 나타나 있는 고인돌이 흰색 원석에 검은색을 입혔으므로, 같은 유형의 이 고인돌도 흰색 원석에 검은색을 입힌 것으로 추정된다.

흰색 원석에 검은색이 입혀졌으므로 깊게 파인 쐐기홈이 흰색이어야 하는데 주변처럼 검은색이다. 쐐기홈이 파인 후 검은색을 입혔음을 의미하므로 쐐기홈이 고인돌 조성 당시에 새겨졌음을 증명한다.

옆면에 뚫려 있어, 바위를 자르는 것과는 관계없는 쐐기홈을 새긴 이유는 이를 알리려는 목적이 있는 듯하다.

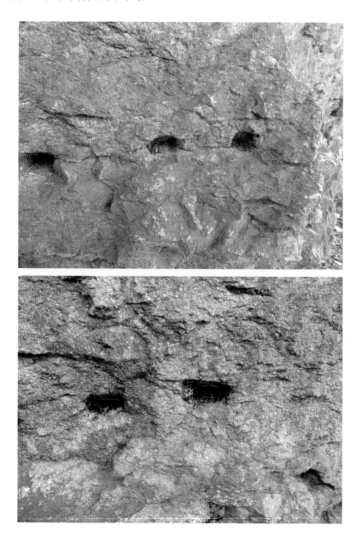

이로써 고인돌에 나타나는 바위구멍과 쐐기홈이 고인돌 조성 당시부터 새겨졌음이 증명된 듯한데, 보강할 수 있는 사례들을 차츰 더 살펴보기로 한다.

7장

표면이 변한
고인돌의 생명형상

 5장의 연장선에서 표면을 입혀 색감과 질감을 변화시킨 고인돌과, 이를 활용해 생명형상을 표현하는 고인돌을 살펴보자.

 고인돌 표면을 변화시킨 이유는 무엇일까? 표면이 변한 고인돌을 분석한 결과, 다음과 같은 이유 때문인 듯하다.

 첫째, 회색과 검은색, 밤색이 섞인 둔중한 바위 색 때문에 깊이가 있고 장중한 느낌이 든다. 세월의 연륜을 말해 주는 이마의 주름살처럼 고색창연한 느낌이 나 숙연하고 안정된 느낌을 준다.
 둘째, 회색이나 밤색의 경우 밝아서인지 형태나 선이 더 선명하고 뚜렷하게 보인다. 일반 바위를 그대로 활용한 것보다 표면을 변화시킨 고인돌에 생명형상이 많이 새겨져 있는데, 이 때문인 듯하다.
 셋째, 성분이 단단하지 않아 형상이 나타나도록 다듬기가 용이해, 다양한 표현이 가능하다.

1. 연천 통현리2호고인돌

323

연천고인돌공원에 전시돼 있으며, 상석의 윗면과 밑면의 색감이 검은색과 밝은색으로 완전히 다르다. 상석 윗면의 검은 색감이 흘러내리듯 한, 사이사이에 보이는 밑면과 같은 밝은 색감은 검은 물질이 입혀졌음을 나타낸다.

윗면의 검은 물질이 밑면의 겉쪽에만 일정한 간격을 유지하며 입혀져 있다. '밑면을 반듯하게 다듬었는데, 왜 밑면 전체를 검게 하지 않았을까?'라는 의문이 든다. 고인돌의 주요 기능 중 하나가 후대 사람들에게 무엇인가를 알리고자 함이기 때문은 아닐까?

앞에서 제천 방홍리고인돌 밑면에 윗면의 검은 물질이 일정한 간격을 유지하며 나타나 있는 것을 보았다.

이제 고인돌 표면에 다른 물질을 입히고 있음이 확인되었으므로, 자연적으로 나타나기 어려운 형태의 이 물질들이 인위적으로 입혀졌음이 분명해졌다.

상석 윗면의 파인 곳의 색감이 밑면과 같다.

파인 곳이 생명형상을 나타내 의도적으로 파냈음을 알 수 있다.

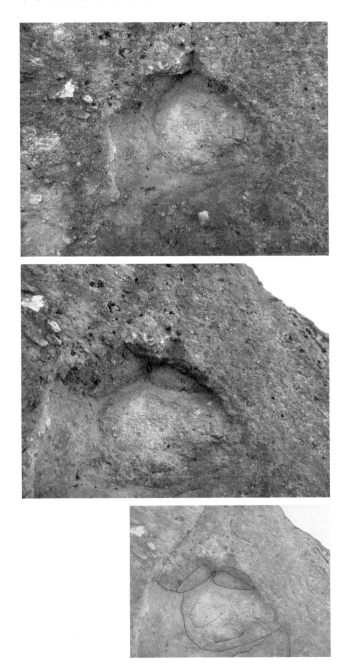

2. 고창 아산면고인돌

원광대학교 박물관에 옮겨져 있다.

첫 번째 고인돌

윗면과 밑면의 색감이 완전히 다르며, 윗면에 밤색의 물질이 입혀져 있고, 그 물질이 흘러내린 자국이 선명하다.

두 번째 고인돌

동일 바위의 층을 이룬 두 면의 색감이 밤색과 검은색으로 다르다.

다른 색감의 물질을 입힌 것 이외에 다른 이유를 찾기 어렵다.

밑면은 황토색으로, 윗면의 두 색과 또 전혀 다르다.
윗면의 서로 다른 두 색이 입혀졌음을 더욱 강하게 뒷받침한다.

세 번째 고인돌

마찬가지로 윗면과 밑면의 색감이 다르다.

네 번째 고인돌

다섯 번째 고인돌

밑면의 색감이 앞에서 본 고인돌들과 다르게 완전한 흰색이다.

3. 경북대학교 박물관의 고인돌

경북대학교 박물관에 옮겨져 있는 고인돌 중, 대구 이천동고인돌 1기와 대구 상인동고인돌 3기를 살펴보자.

(1) 이천동고인돌

윗면과 밑면의 모습으로 색감과 질감이 크게 차이가 없다

그런데 다른 쪽 밑면은 흰색 위로, 연두색의 색감이 흘러내린 듯한 모습이 선명하다. 동일 바위의 한쪽에만 일반 바위에서 거의 보기 어려운 연두색 색감이 흘러내리듯 나타난 것은 연두색의 물질이 입혀진 결과로 추정된다.

이 고인돌의 원석을 찾아보자.

표면이 깨져 나간 곳의 색감과 질감이 주변과 크게 다르다. 이 원석의 바위에 앝게 회색빛 물질을 입혔음을 알 수 있다.

(2) 상인동고인돌 1

첫 번째 고인돌을 보자. 105쪽에서 살펴본 윗면에 꺾인 선이 그어져 있는 고인돌이다. 인물상이 뚜렷하다.

밤색과 검은색의 굵은 두 줄이 형상의 윤곽선을 이룬다.

서로 다른 색감의 굵은 두 줄이 자연적으로 나타나 형상의 윤곽선을 이룰 수는 없어, 표면이 입혀졌음을 나타낸다.

선에 이어지는 검은 색감이 윤곽선을 이루고, 검은 색감의 물질이 눈을 이룬 인물상이다.

평행으로 선이 그어진 곳에 세로로 선이 교차한다.

포획된 돌인지 원석의 바위인지 불분명하나, 이곳까지 반듯한 선이 그어져 있다. 이는 자연현상일 수는 없으며, 주변의 회색 물질들은 입혀진 것으로 보인다.

검은 돌이 박힌 것도 아닌데 회색 바탕에 큰 점처럼 나타난 검은 부분은 형상의 눈을 표시해 표면을 변화시켰음을 보여 준다.

매우 거칠어 보이는 표면에 반듯한 선이 길게 그어져 있다.

위쪽에 붙어 있는 작은 돌은 표면에 다른 물질을 입혀 변화시킨 증거가 된다.

시멘트처럼 도포한 물질이 굳으며 돌을 고정시켰을 것으로 추정된다.

이 고인돌 원석의 암질은 무엇일까?

표면이 깨진 곳에 드러난 암석이 검은빛을 띤다.

드러난 검은빛의 원석에 얇게 회색의 물질이 덮여 있음이 잘 나타난다.

윗면에 나타난 인물상이다.

얕게 파인 곳이 입을 표시한다.

(3) 상인동고인돌 2

검은 색감의 원석 바위에 얇게 밝은 색감의 물질을 입혔음이 확연하다. 앞에
서 본 상인동고인돌1과 원석이 같은 암질인 듯하다.

옆면에서 윗면까지 길게
선이 그어져 있다.

위의 선이 형상의 뒤쪽 윤곽선을 이룬 인물상이다. 앞쪽에도 윤곽선이 그어
졌으며, 색이 변한 두 곳이 눈을 이룬 형상이다. 표면에 다른 물질을 입혀 색감
을 변화시켰을 것이다.

(4) 상인동고인돌 3

우측면과 좌측면의 깨진 곳을 비교하면, 좌측의 원석에 다른 물질이 입혀졌음이 잘 나타난다. 반듯한 선들이 그어져 있다.

짧게 그은 선이 입을 표시하고, 색이 변한 검은 점은 눈을 나타낸다.

양쪽 선이 윤곽선을 이루고, 색이 변한 두 점이 눈을 이룬 인물상이다.

위쪽을 층이 지게 잘라 내 머리카락을 나타냈다. 표면을 입힌 이유는 이처럼 표정이 살아 있는 형상을 표현하기 위해서인 듯하다.

4. 고창고인돌공원의 고인돌

　전작에서 대규모의 고인돌이 있는 고창고인돌공원에는 뚜렷한 인물상이 드물다고 했는데, 다시 답사하니 이전에는 보지 못했던 형상이 많이 눈에 들어온다.

　두꺼비고인돌로 이름 붙여진 고인돌을 보자. 안내판에 "이 고인돌은 웅크린 두꺼비가 도약하려는 모습과 비슷하여 두꺼비고인돌이라고 부른다."라고 돼 있다. 밑면이 완전한 흰색이며 윗면과 달라 표면이 입혀졌음을 알 수 있다.

142쪽에서 살펴본 직각으로 꺾이며 양면에 걸쳐 선이 이어져 있는 고인돌의 윗면과 밑면이 달라 표면이 입혀졌음을 나타낸다.

반듯한 선이 입을 이룬 인물상이며, 위쪽에 중첩되어서 이 형상의 눈이 입을 이룬 뚜렷한 인물상이 나타나 있다.

왼쪽 형상 안에 포함되어 있는 형상이다.

윗면과 밑면의 색감이 달라 표면이 변했음을 나타내며, 선이 그어지며 형상을
표현한다.

윗면과 밑면의 색감이 다르며, 인물상이 나타나 있다.

아래쪽 떼어 낸 부분에, 원석과 입혀진 부분이 잘 구분된다. 이 부분이 입을
이룬 인물상이다.

산기슭에 위치하면서 아래쪽 트인 곳을 향하지 않고 산쪽을 바라보도록 배치
해 특이하다.

측면에서 보면 아래쪽 떼어 낸 부분이 한 눈을 나타내는 인물상으로 변신한다.

측면에 나타난 인물상이다.

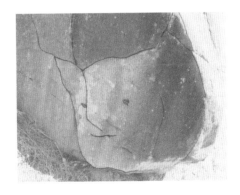

　다음 고인돌은 밝은 색감과 검은 색감이 함께 나타나, 표면이 입혀졌음이 잘 나타난다. 옆쪽에서 보면 밝은 부분이 얼굴을, 검은 색감의 부분이 머리카락을 나타내는 인물상을 볼 수 있다.

다양한 형상

표면이 변한 것과 직접적 관련은 없지만, 고창고인돌의 형상이 다양한 방식으로 표현되어 있음을 보기 위해, 다양한 형상을 살펴보자.

홈이 파인 것도 아닌데 물이 번져 정확하게 둥근 원을 그리고 있다.

1장에서 바위구멍 주변의 둥근 물 번짐이 우연이 아닐 것으로 추정했는데, 표면이 거칠어 자연적으로 둥글게 물이 번질 요인을 찾기 어려우며, 표면이 입혀졌음을 감안하면 인위적으로 조성된 현상으로 추정된다.

물이 고여 형상을 이루는 기능을 한다.

앞에서 본 양면에 이어지며 선이 그어진 고인돌이다. 윗면과 밑면의 색감이
달라 표면이 입혀졌음을 보여 준다.

이 고인돌을 다른 방향에서 바라보면, 형태를 다듬고 선으로 입을 표시하며,
번진 물이 눈을 이룬 인물상이다. 비가 내린 후 물이 증발하며 일정 시간 동안
만 나타나는 형상이다. 표면이 다양한 방식으로 형상을 표현하도록 다듬어졌음
이 잘 나타난다.

다음 고인돌에 두꺼운 선이 다수 그어져 있다.

고인돌에 선이 나타나는 이유에 대해서는 조성된 이후 풍화되어 틈(절리)이 생긴 것이란 설명을 많이 하는데, 풍화로 인해 어떤 과정을 거쳐 발생하게 되는지에 대해서 구체적 설명은 전무한 듯하다. 풍화는 오랜 시간이 소요되므로 변화를 직접 관찰한 것은 아니다. 그를 보완할 실험을 통한 검증도 없으므로 단지 추정할 뿐이다. 이에 대해 풍화의 결과가 아니라는 증거도 제시할 수 없으므로 풍화되었다는 설명을 받아들이게 된다. 그러나 이제 사람에 의한 것임이 드러나고 있으며, 생명형상은 이의 유력한 증거다.

이 고인돌의 선들도 형상을 나타낸다.

하나의 고인돌이 바라보는 방향에 따라 전혀 다른 모습을 나타낸다. 윗면이
반듯해 세심하게 형태를 다듬었음이 잘 나타난다.

두 눈과 크게 벌린 듯한 입이 뚜렷하다.

다음 고인돌의 윗부분에 인물상이 뚜렷하다.

배치를 통해 표현된 형상을 보자.

고인돌의 배치가 의도적인 것은 일렬로 배열돼 있는 모습을 보면 알 수 있다.

나란히 놓인 두 고인돌의 밑부분이 떠 있고, 크기가 비슷한 흰색의 작은 고임
돌이 한쪽 끝에 고여 있다. 흰색의 고임돌이 눈동자를 표시한 두 눈처럼 보인다.

두 눈의 앞쪽에 놓인 고인돌이 코와 입을 표시하여 인물상을 이룬다.

앞쪽 고인돌의 둥글게 파인 부분이 상어의 입처럼 보인다.

파인 부분이 입을 이루어, 두 눈과 함께 인물상을 이룬다.

　고창고인돌의 표면이 입혀졌음은 최근(2018년 11월)에 옮겨 놓은 고창 봉산리 고인돌에서도 확인할 수 있다.

　인위적임이 분명한, 네모반듯하게 표면이 벗겨진 곳이 검은색의 주변과 색감이 확연히 다르다. 표면이 벗겨진 곳에 드러난 흰색의 표면에 검은 색감이 입혀진 것으로 추정된다.

　몇 개월 후 방문하니 네모반듯한 형태가 거의 지워져 흐릿하다. 어떤 현상인지 알기 어렵다.

5. 순천고인돌공원의 고인돌

순천고인돌공원의 고인돌에도 윗면과 밑면이 달라 표면을 변화시킨 고인돌이 많은데, 모두 살펴볼 수는 없으므로 고임돌에 고여 있는 다음 순천 조계동, 해룡면 복성리 상비고인돌만을 살펴보자. 검은색과 흰색이 섞여 있는데, 밑부분은 전혀 다른 색감이다. 이는 표면이 입혀졌음을 의미하는데, 나타난 형상은 이를 더욱 명백히 한다.

흰색이 얼굴 부위를, 검은색이 눈을, 옅은 밤색이 입을 이룬 형상이다.

유사하게 흰색이 얼굴 윤곽선은 이루고, 검은 색감이 눈을 표시한 형상이다. 표면을 잘라 내 입을 표시했다. 검은색이 머리카락을 나타내, 색감이 분명한 의도하에 입혀지고 있음을 보여 준다.

8장

상석 밑면의
형상

 탁자식 고인돌 중에는 높게 고인 것도 있는 반면, 그 중간 정도나 더 낮게 고인 것도 있어 고인 높이가 다양하다. 낮게 고인 고인돌들은 상석 밑면을 보려면 엎드리듯 자세를 낮추어야 하는데, 여기에도 표면을 변화시키고, 생명형상을 표현해 놓았다.

 군이 잘 보이지도 않는 낮게 고인 곳까지 형상을 조성할 필요가 있었을까? 프랑스·스페인의 동굴에 그려진 고대 그림이 바라보기도 어려운 데까지 그려져 있어, 어떻게 그렸는지는 물론 그린 이유가 무엇인지 궁금증이 드는 것과 같다.

 이미 전작에서 높이 고인 고인돌을 살펴보았으므로 중간 정도 높이로 낮게 고인 고인돌의 상석 밑면에 표현된 형상을 살펴보자.

1. 포천 금현리고인돌

 상석 윗면의 모습은 바위의 전형적인 색감과 질감을 지녀 '바위색'이란 용어가 어울린다.

밑면은 윗면과 판이한 색이어서, 표면을 변화시켰음을 나타낸다.

밑면에 포획된 작은 돌들은 다른 물질로 덧씌워졌음을 증명한다.

금이 간 듯한 선이 형상의 윤곽선을 이루고, 포획된 작은 돌이 눈을 표시한다.

밑면의 다른 부분은 색감이 또 다르다. 사이사이로 보이는 흰 부분은 원래의 암석이 드러난 것으로 판단되는데, 화강암이나 대리석으로 보인다. 이 원석에 다른 물질을 입혀 색감과 질감을 변화시켰음이 명백하다.

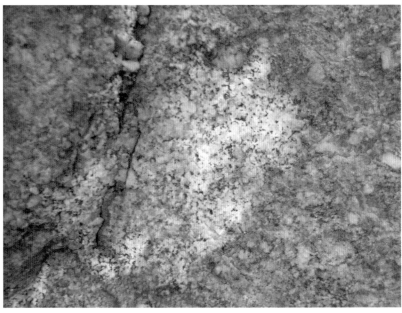

선이 그어져 가뭄에 논바닥이 갈라지는 듯한 형태를 이룬다. 상석 윗면에 이런 선이 나타나 있지 않은데, 밑면에만 자연적으로 나타날 요인이 없다. 표면을 입혀 변화시킬 때, 인위적으로 그었을 것으로 추성된다.

선이 형상의 윤곽선을 그린다.

선 위에 두 눈을 표시했다. 형상의 우측 눈은 선이 중간을 관통하지 않고, 위 아래로 갈라지며 눈 형태를 그린다.

외곽 형태가 인물상을 나타내도록 다듬어졌다.

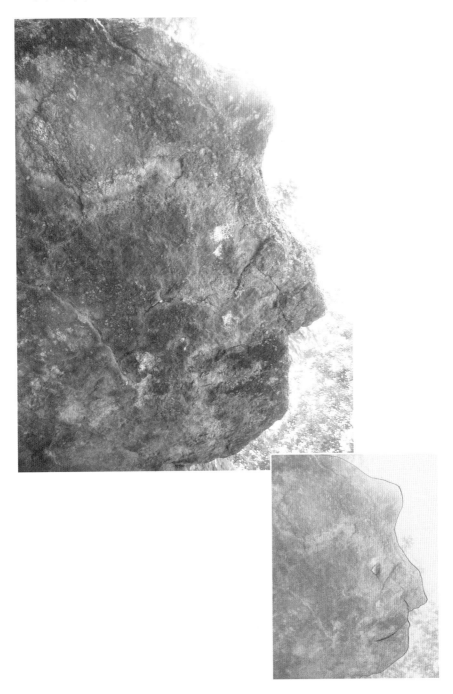

이 고인돌의 상석 윗면도 살펴보자.

다른 빙향에서 바라본 상식의 색이 밤색과 검정색으로 나르다. 동일 바위의 색감이 다른 것은 표면을 입힐 때 다른 색감을 입혔기 때문이다. 이는 지금까지 의 분석으로 쉽게 추정할 수 있다.

윗면에 숨은 듯 나타난 형상이다.

고임돌을 살펴보자.

고임돌에 바위구멍과 유사하게 파인 홈이 있다. 여기에 화강암으로 보이는 원석이 드러나 있다. 이는 상석의 윗면과 밑면뿐 아니라 고임돌도 원석에 다른 물질이 입혀졌음을 의미한다.

두 바위구멍 유사 홈이 양 방향으로 형상의 눈을 나타낸다.

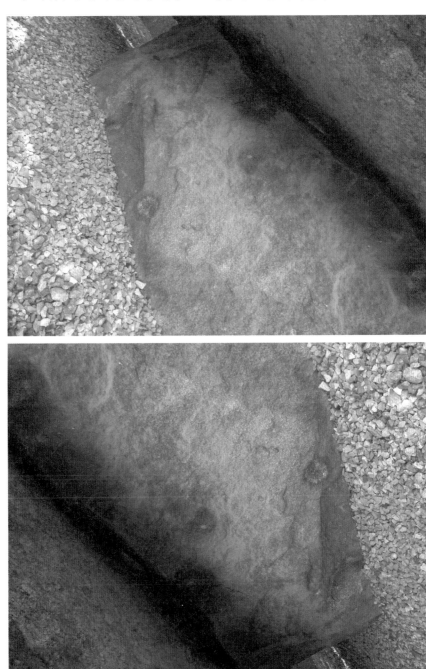

다른 고임돌이 동물형상을 나타낸다. 검은 선을 그어 눈을 표시했다.

위 고임돌에 녹이 슨 듯한 색감이 한 눈을 이룬 형상이 새겨져 있다. 녹이 슨 듯한 색감은 대구 상인리고인돌에서 알 수 있었듯이, 표면을 변화시켜 나타났을 것이다.

2. 고창 상금리고인돌

상석 윗면과 밑면의 색감이 다르다. 포천 금현리고인돌처럼 윗면과 밑면을 모두 변화시킨 것으로 추정된다.

밑면에 나타난 인물상이다.

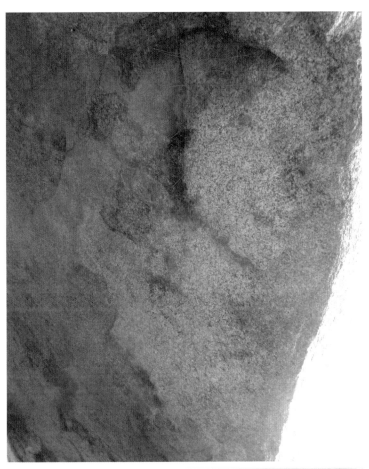

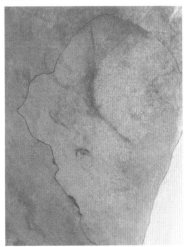

3. 용인 왕산리고인돌

검은 색감에 밝은색감이 살짝 드러나 있다. 윗면과 밑면이 상이해, 윗면에 검은 물질이 입혀졌음을 알 수 있다.

한쪽으로 치우쳐 고여 있다. 균형점을 찾기 위해 무거운 상석을 이리저리 끌어서는 금방 무너질 것이다. 정확한 균형점을 알고서 위에서 살며시 내려야 무너지지 않고 축조할 수 있을 것으로 생각된다.

상석 윗면의 물결치는 듯한 무늬는 인물상을 나타내는 듯하다.

밑면에 나타난 형상이다.

가히 예상을 훌쩍 뛰어넘는 인물상이다. 어떻게 가능했는지 상상하기 어렵다.

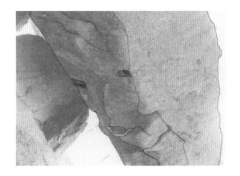

9장

고인돌의
특이물질

　다수의 고인돌에 현대 과학의 산물인 석유화학 물질과 유사한 물질이 들러붙어 있는데, 현대의 것인지 고인돌 조성 당시의 것인지 살펴보자. 다른 지역의 고인돌에도 특이한 물질이 나타나 있으나, 여기에서 모두 다룰 수는 없으므로 순천고인돌공원의 고인돌에 한정하여 살펴보기로 한다.

1. 순천 우산리 내우고인돌

　윗면과 밑면의 색감이 달라 표면이 입혀진 것으로 추정되는, 다음 순천 우산리 내우고인돌에 둥글게 큰 홈이 파여 있다. 이 홈의 수직면에 나타난 흰색의 촛대 모양은 의도적으로 나타냈음이 자명하다.

촛대 모양 아래쪽에 흰색 물질과 노란색 물질이 보인다. 유사한 물질로, 의도적으로 그린 촛대 모양과 함께 나타나 있으니 이 물질들 또한 의도적으로 덧붙여 놓은 듯하다.

고인돌 전체에 걸쳐 여러 곳에 흰색 물질이 나타나 있는데, 촛대 모양을 이룬 것과 유사한 물질이어서 의도적인 현상으로 추정된다.

플라스틱으로 보이는 흰 물질 위에 나타나 있는 검은 색감의 물질은 고인돌 표면을 이루는 물질과 같은 성분으로 보인다. 이는 플라스틱이 부착된 이후 고인돌 표면을 이루는 성분이 위에 묻은 것이므로, 플라스틱이 고인돌을 조성한 때의 것임을 의미한다.

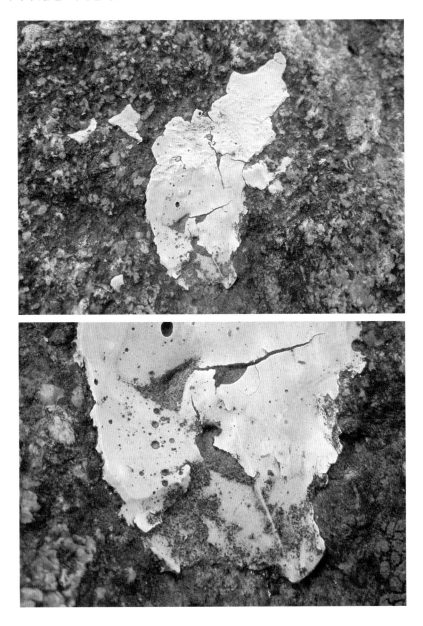

플라스틱 유사 물질이 인물상을 나타낸다. 작은 구멍과 사진에는 잘 보이지 않으나 박힌 것으로 보이는 작은 돌이 두 눈을 이룬다.

윗부분의 반듯하게 눌린 듯한 자국들도 우연하게 발생하기 어려워 보인다. 뚜렷하지는 않으나 눌린 자국도 형상을 나타내는 듯하다.

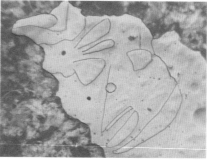

위 고인돌과 함께 놓여 있는 다음 고인돌에도 흰 물질과 노란 물질이 덧붙여져 있다. 193쪽에서 쐐기홈이 생명형상과 관련이 있음을 살펴보았던 고인돌이다.

윗면 곳곳에 흰색의 플라스틱 유사 물질이 나타나 있다. 의도적인 것이 아니고서는 이처럼 넓은 면적에 걸쳐 조금씩 묻어 있을 요인이 없어 보인다.

노란색 물질도 나타나 있다.

이렇게 인접한 두 고인돌 여러 곳에 특이 물질이 나타나므로 당연히 조사가 있어야 할 것인데, 발견했더라도 현대의 산물로 여기고 지나쳤을 것이다.

앞 고인돌에서 플라스틱 유사 물질 위에 고인돌 표면을 이룬 물질이 나타나 있음을 보았는데, 이 고인돌에서도 이와 유사한 현상을 볼 수 있다.

길게 플라스틱으로 보이는 물질이 나타나 있다.

아랫부분에 노란색 물질이 흰색의 플라스틱 유사 물질을 덮고 있다. 우연하게 형성되기 어려우며, 인위적이며 의도적으로 조성되었을 가능성이 커 보인다.

맨 아랫부분을 보면 흰색의 플라스틱 유사 물질이 고인돌 표면을 이룬 물질에 덮여 있다. 플라스틱 유사 물질이 단순하게 흘러내린 것과 다르며, 플라스틱 위에 고인돌의 표면을 이룬 물질을 덧붙여야 가능한 형태다. 이는 플라스틱 유사 물질이 고인돌 조성 당시의 것임을 의미한다.

그어진 선이 윗부분 윤곽선을 이루고, 표면의 깨진 부분이 층을 이루며 뒷부분 윤곽선을, 표면을 얕게 다듬어 앞부분 윤곽선을 나타낸 인물상이다. 흰색의 플라스틱 유사 물질이 인물상의 눈을 나타내, 생명형상과 관련이 있음을 보여준다.

2. 보성 죽산리 하죽고인돌

다음 고인돌을 보자.

분홍색의 물감과 유사한 물질이 여러 군데 나타나 있다.

윗면 끝부분과 옆면에 걸쳐 흐르듯 나타난 물질은 우연하게 형성되지 않았음을 추정하게 한다.

의도적으로 붓으로 도포한 듯한 모습이다.

회색의 물질이 옆면에 길게 흘러내렸다.

윗면에 분홍색 물질이 길게 선을 이루고 있다.

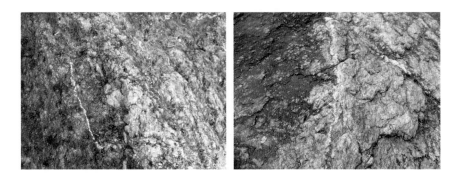

분홍색 물질이 도형을 그린 것은 인위적으로 도포했음을 증명한다.

분홍색 선이 눈과 코를 이룬 인물상이다. 주변의 선은 생략하고 바위의 형태를 이용해 눈과 코만으로 추상적으로 인물상을 표현했다.

분홍색 물질이 생명형상과 관련이 있음을 알 수 있다.

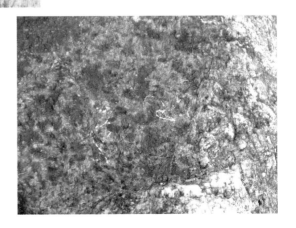

함께 놓여 있는 고인돌이다.

분홍색, 흰색, 회색, 노란색 물질이 모두 나타나 있다.
분홍색 물질이 선을 이루고 있다.

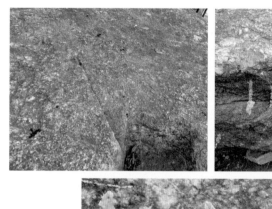

알파벳 글자처럼 보인다.

　회색의 물질과 노란색 물질이 딱 한 군데만 나타나 있는 것은 의도적으로 조성하였음을 방증한다. 이 물질들을 다루다 우연히 떨어져 묻게 된 것이 아닐 가능성이 크기 때문이다.

흰색의 물질 아래에 분홍색 물질이 보인다.

물질들이 서로 밀접한 관련이 있음을 나타낸다.

밑부분에 붉은 안료로 두 원을 붙여 그렸다.

언제 그림을 그렸을까?

밑면이 낮아 고개를 숙이고 세밀히 살피지 않으면 발견이 어렵다. 현대에는 현 상태에서는 밑면이 낮아 그릴 수 없으므로, 기중기로 들어 올려서 그려야 한다. 잘 보이지도 않는 고인돌 밑면에 그림을 그릴 이유가 없다. 현대에 그릴 이유가 없다면, 고인돌 조성 당시에 거꾸로 놓은 상태에서 그린 후 뒤집어 놓은 것으로 해석하는 것이 타당하다.

원 부위에 윗면에서 본 분홍색 물질이 선으로 나타나 있다. 원 그림이 고인돌 조성 당시의 것이라면, 밑면이므로 우연하게 떨어트려 나타날 수 없으므로 분홍색 물질도 고인돌 조성 당시의 것이라는 의미이다.

이는 고인돌 윗면의 플라스틱 유사 합성 물질들이 고인돌 조성 당시의 것임을 증명한다.

이처럼 고인돌 조성 당시의 것으로 해석되는 화학적 합성 물질들은, 고인돌 조성 당시의 문물에 대한 직접적 증거가 된다.

추후 과학적 조사를 하면 더 확실한 결과를 얻을 것으로 기대한다.

이 고인돌에 나타난 인물상을 보자.

분홍색, 흰색, 회색, 노란색 물질이 나타나 있는 윗면에 뚜렷한 인물상이 새겨
져 있다.

10장

고인돌 표면에
입혀진 물질

책의 내용을 정리한 후 보니, 몇 가지 확인이 필요한 부분이 있었다.

특히 고인돌 표면에 입혀진 물질의 성분에 대한 것이다.

대구 천내리고인돌에 비석을 세우기 위한 작업을 하다가 중단한 듯이 윗면이 직사각형으로 파인 곳이 있는데, 이곳에 시멘트 유사 물질이 보였다. 직사각형의 테두리를 기계칼로 잘라 선을 그은 흔적이 있어, 현대에 행한 것으로 판단하였다. 시멘트도 비석을 세우려 하는 과정에서 사용된 흔적으로만 보고 당시에는 관심을 두지 않았는데, 이후에 단순한 시멘트가 아닐 수 있음을 깨달았다. 고인돌 표면이 입혀진 것이라는 관점에서 살펴보지 않아, 다시 확인할 필요가 있었다.

이 외에 몇 가지 확인이 필요해 답사를 가게 되었다. 답사 과정에서 계획에 없던 곳도 방문하고, 기존에 생명형상의 관점에서만 보았던 표면의 작은 흔적들을 새로운 관점에서 살펴보았다.

확인 내용을 기존에 정리한 곳에 삽입해도 되겠지만, 별도로 살펴보는 것도 의미가 있을 듯하다.

1. 옥천 지역의 선돌에 입혀진 물질

옥천 선사공원에 있는, 표면이 입혀진 선돌들을 다시 자세히 살펴보다가 표면에 입혀진 물질이 뭉쳐 있는 것을 발견하였다. 이 물질이 입혀져 콘크리트처럼 돌들을 포획하고 있음이 분명하게 확인된 것이다.

옥천 막지리막기1호선돌은 윗부분이 깨져 나간 듯한데, 윗부분과 아랫부분의 색감이 다르다. 윗부분은 본래의 암질인 편마암으로, 색이 더 밝으며 아랫부분은 어둡다.

옆에서 보면 위쪽이 갈라진 모습인데, 갈라진 틈 사이에 다른 성분의 물질이 보인다.

시멘트나 실리콘처럼 뭉쳐 굳어 있으며, 작은 돌들이 포획돼 있다. 색감과 질감이 선돌의 아랫부분과 유사하며 용호리화일1호선돌, 막지리막기2·3호선돌과 유사하므로 모두 이 물질이 표면에 입혀진 것으로 판단된다.

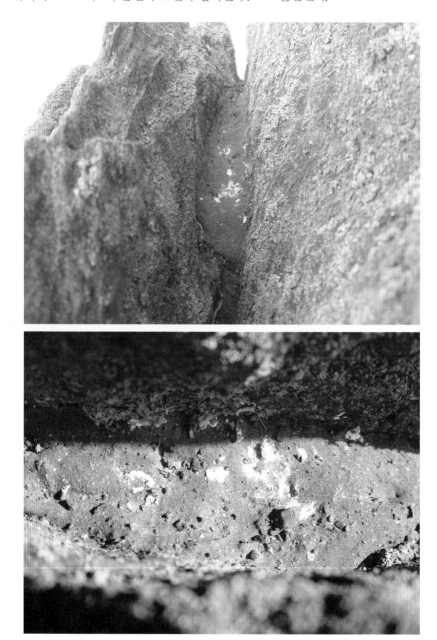

편마암이 원석인 바위에 석영 등 전혀 다른 성분의 돌이 이 물질에 의해 부착
돼 있음이 명백해졌다.

선돌에 입혀진 물질이 직접적으로 확인되어 옥천 지역 선돌의 표면에 다른 물
질이 입혀져 있음이 물증으로 증명되었다. 이는 앞에서 살펴본 무명비와 고인돌
에 다른 물질이 입혀졌다는 해석이 사실임을 방증한다.

막지리막기3호선돌에 부착돼 있는 나방 모양의 흰색의 돌 윗면에 바위 표면에 입혀진 물질이 입혀져 있다. 다른 물질이 선돌 표면에 입혀져 있음이 명확히 드러난다.

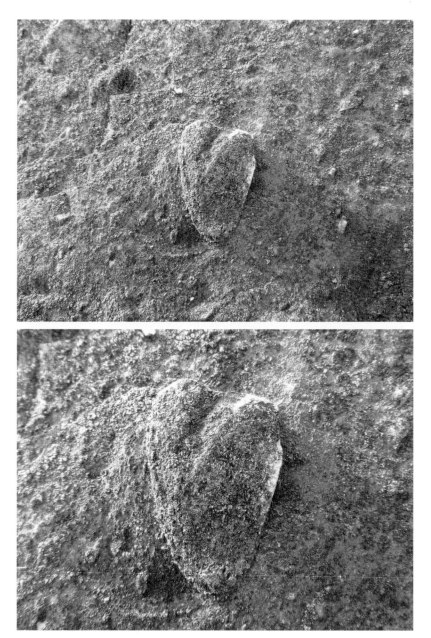

고인돌에도 유사한 방식으로 돌을 부착해 놓은 사례가 있다.

수원박물관에 옮겨져 있는 수원 금곡동고인돌이다.
윗면과 밑면의 색감이 달라 표면이 입혀졌음을 나타낸다.

뚜렷하지는 않으나 주변을 무시하고 보면, 형상의 입처럼 보이는 곳이 작은
돌을 물고 있는 듯한 모습이다.

검은 물질이 양쪽에서 접착제처럼 돌을 붙이고 있다. 옥천 지역의 선돌에 입혀진 물질과 유사한 물질로 보여, 고인돌에 다른 물질이 입혀지고 있음을 증명한다.

2. 화순고인돌 표면의 변화

고인돌의 표면에 다른 물질이 입혀졌음을 화순고인돌공원의 고인돌을 통해 재차 확인할 수 있었다. 안내판의 내용을 보자.

화순고인돌유적지 장동응회암

"화순고인돌유적지에는 보검재 계곡을 따라 4㎞ 길이에 596기의 고인돌이 밀집 분포하고 있다. 고인돌의 재료인 장동응회암은 중생대 백악기 당시 커다란 호수였던 화순에 수차례의 화산 폭발로 화산재가 쌓여 굳어진 암석입니다."

화순고인돌의 재료가 응회암이라 설명하는데, 화순고인돌의 표면은 검은색이 주를 이룬다. 그런데 유적지 내의 감태바위 채석장 아래에 있는 다음의 고인돌들은 윗면과 밑면의 색감이 달라 표면이 입혀졌을 가능성이 커 보인다.

화순고인돌공원의 대부분 고인돌은 색이 검은데, 한 구역에 모여 있는 소수의 고인돌들은 검은색을 띠지 않고 밤색을 띤다. 이들 고인돌들의 짙은 색감 사이에 보이는 새히얀 색은 흰색의 바위에 밤색 물질이 입혀졌음을 뚜렷이 보여 준다.

한 지역의 고인돌이 배치된 구역에 따라 검은색과 밤색으로 완전하게 구별되는 것도 풍화에 의한 것이 아니라 표면에 다른 색감의 입혀졌음을 증언한다.

함께 놓여 있는 다음 고인돌은 밑면이 완전한 흰색이다.

여기에서 다 살펴볼 수는 없지만, 이외에도 많은 수의 고인돌 밑면이 밝은색
이고, 윗면의 검은색과 밤색 사이로 흰색이 드러나 있어 표면이 입혀졌음을 나
타내고 있다.

화순고인돌의 표면이 입혀졌다는 사실은 검은색 고인돌 사이에 섞여 있는 흰 고인돌을 통해서도 확인할 수 있다. 596기의 화순고인돌 대다수는 검은색이고 소수의 밤색이 섞여 있는데, 유독 다음 검은 고인돌 군의 맨 끝 한 부분에만 흰 색의 고인돌이 몇 기 모여 있다.

흰색의 고인돌은 검은색의 고인돌과 색감만 다를 뿐, 표면은 같은 응회암의 모습이다.

흰색의 응회암이 존재할 수 있을까?

TV 등에서 많이 볼 수 있는 화산 폭발의 분출물인 용암과 화산재의 색이 모두 검은빛인 것을 보아도 맞지 않으므로 화산재로 이루어진 응회암이 아님이 분명하다. 화순고인돌공원에 있는 여러 곳의 채석장의 암반도 흰색은 없어 일치하지 않는다.

응회암이 아니라면 응회암과 유사한 이유는 무엇일까? 고창고인돌 중 일부가 원석의 바위에 다른 물질을 입혀 응회암처럼 보였던 것을 보았는데, 흰색의 화순고인돌도 유사한 방식으로 형성되었을 가능성이 크다.

흰색의 고인돌이 모여 있는 곳에 검은색의 고인돌이 함께 있다.

그런데 이 검은색 고인돌의 윗면은 흰색이다. 한 고인돌의 두 면이 흰색과 검정색으로 다른 것은 검은 고인돌과 흰 고인돌이 색만 다르지 성분은 같음을 나타낸다. 원석의 바위에 다른 물질을 입혀 응회암처럼 보였을 가능성이 더욱 커졌다.

화순고인돌이 응회암처럼 보이는 것이 표면이 입혀졌기 때문이라면, 원석을 찾아보자.

괴바위고인돌이라 이름 붙여진 고인돌을 보자. 보는 방향에 따라 전혀 다른 모습이다. 고인돌이 현대의 조각과 다름이 분명히 드러난다.

흰색에 검은색을 입혔으며, 밑부분의 색감과 질감이 다르다.

깨진 부분에 드러난 암석이 원석인 듯한데, 응회암과 전혀 다른 단단한 암석으로 보인다. 이곳에 얇게 다른 물질이 덮여 있는 모습이다.

핑매바위고인돌을 보자.

검은 표면에 조그마하게 깨진 부분을 보면, 표면에 황토색의 물질이 입혀져 있는 것으로 추정된다.

아래쪽에 바위가 깨져 고인 듯한 모습인데, 이곳에 드러난 원석은 응회암과 다르며 괴바위고인돌의 원석과 동일한 암석으로 보인다.

괴바위고인돌과 동일하게 검은 물질이 원석에 얇게 입혀진 모습이다.

원석에 입혀진 것으로 추정되는 물질을 보자.

다음 고인돌의 옆면에 나타난 황토색은 언뜻 보면 벌레집처럼 보이나, 바위 자
체의 성분이다. 황토색의 물질이 입혀졌음을 나타낸다.

다음 화순고인돌 아랫부분의 색감이 다른데, 마치 황토를 옅게 바른 듯하다.

접촉면을 보면 주변의 바위와 색만 다를 뿐, 동일한 성분임을 알 수 있다. 고인돌 표면이 이 성분으로 입혀졌음이 자명하게 드러난다.

유사한 물질이 순천고인돌공원의 보성 용동고인돌의 깨진 부분에 나타나 있다. 가루가 된 황토색 물질이 주변과 대비되는데, 이 가루 물질이 시멘트와 유사하게 접착력을 가진 물질에 의해 뭉쳐져 표면을 덮고 있는 것으로 판단된다.

3. 고인돌에 입혀진 물질

앞에서 화순고인돌의 표면이 입혀졌다는 사실을 확인했고, 입힌 물질에 대해 추정해 봤다. 표면에 입혀진 물질의 성분이 잘 드러나 있는 고인돌을 더 살펴보자.

(1) 고창 아산면고인돌

원광대학교 박물관에 있는 고창 아산면고인돌 군의 다음 고인돌을 보자.

윗면이 밑면과 크게 달라 표면이 입혀졌음을 알 수 있는데, 윗면의 깨진 곳을 보면 단단한 바위와 다르며, 시멘트와 유사한 형대로 뭉쳐 있는 물질임이 잘 드러난다. 이는 앞에서 살펴본 순천고인돌공원에 옮겨져 있는 보성 용동고인돌의 깨진 곳에 나타난 황토색 가루와 유사하다.

(2) 대구 천내리고인돌

다음 고인돌의 윗면과 밑면의 색감과 질감이 상이한 것은 윗면에 다른 물질이 입혀졌음을 의미한다.

고인돌 윗면에 비석을 세우려 작업하다 중단한 듯한 모습으로, 직사각형으로 표면이 패어 있다. 그런데 비석을 세우기에는 고인돌의 한쪽 아래가 깨져 균형이 맞지 않아 무거운 비석을 올리기 어렵고, 고인돌의 크기에 비해 홈이 너무 넓고 커서 비석을 세우는 목적과 어울리지 않는다.

사각형으로 파인 곳이 윤곽선을 이루고, 바위구멍이 한 눈을, 홈의 선을 그어 입을 표시한 형상이다. 사각형으로 파인 곳이 생명형상과 관련이 있음을 알 수 있다.

사각형으로 파인 곳 바깥에 선이 보이는데, 기계칼로 새긴 선이다. 기계칼로 새긴 선이 잘못된 것인지 실제 파낸 부분이 다르다. 바위에 미리 선을 긋는 등 준비 이후 기계로 선을 그었을 것인데, 그 신을 버리고 앞쪽을 파낸 것이 사연스럽지 않다.

파낸 곳과 기계칼로 자른 선이 틀어져 있다. 잘못 파낸 것일까? 아니면 선을 잘못 그은 것일까?

파낸 사각형의 홈 바닥에 시멘트 잔해와 유사한 물질이 보인다.

자세히 보니, 파낸 곳이 파내지 않은 표면과 하나로 이어져 있다. 그 접촉면을 세밀하게 살펴보면, 사각형으로 파낸 곳에 있는 시멘트 잔해처럼 보이는 물질들이 외부에서 첨가된 것이 아니라 표면이 깨진 고인돌의 잔해임을 알 수 있다.

마찬가지로 반듯하게 잘린 선과 파인 부분의 깊이가 거의 같고, 이어진 부분을 보면 원래의 표면과 파인 곳이 같은 성분이다.

다음 사진에서 사각형 내부에 있음에도 파내지 않은 원래 표면과, 파인 곳의 접촉면을 살펴보아도 같은 성분으로 보인다.

파인 곳에 있는 시멘트와 비슷한 물질은 고인돌 표면과 같은 물질이 분명하다. 고인돌 표면에 시멘트와 유사한 물질이 시멘트와 유사한 방식으로 입혀지고 이후 단단히 굳었음이 명백해졌다.

 파인 곳이 생명형상과도 관련이 있는 듯하다. 현대 조각의 뚜렷함과는 거리가 멀지만, 고인돌의 다양한 표현 양식과 어울린다. 파인 곳은 인물상에서 얼굴을 나타내는 듯하다. 위에서 살펴본, 사각형 홈 안에 파이지 않고 원래의 표면을 둥근 형태로 남겨 놓은 곳이 눈의 기능을 한다.

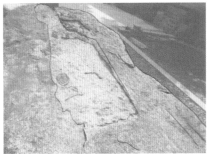

 비석을 세우려 한 것이 아니라면, 왜 사각형으로 홈을 파내고 기계칼을 이용해 잘못 그었다고 보기에는 석연치 않은 선을 남겼을까? 고인돌 표면에 입혀진 물질의 성분을 알리려는 목적이 아닐까 추정한다.

 조성 시기는 언제일까? 고인돌 조성 당시라면, 당시에 기계칼이 있었음을 나타낸다. 이와 달리 현대에 조성한 것이라면, 그 의미는 무엇일까?

4. 물질이 입혀진 방식

 고인돌에 입혀진 물질의 성분을 살펴보았는데, 그 물질이 입혀지는 과정과 방식을 추론해 볼 수 있는 고인돌이 있다. 색감 없이 입혀져 다른 물질이 입혀진 것이 잘 구별되거나, 무명비나 옥천 선돌 같이 물질에 조약돌이 부착돼 있기도 해서 고인돌 표면에 다른 물질이 입혀지는 방식을 추론해 볼 수 있다.

(1) 고창고인돌공원의 고인돌

 고창고인돌공원의 다음 고인돌을 보자. 암질이 응회암처럼 보인다.
 옆면의 돌출된 선이 중첩되어 형상을 그리므로 표면이 입혀졌음을 알 수 있다.

　고창고인돌공원의 약 450여 기 고인돌 중에서 유일하게 발견한 쐐기홈이다. 표면에 인위가 작용했음을 표시하는 듯하다. 쐐기홈이 형상의 한 눈과 얼굴의 윤곽선을 이루고 있다. 돌출된 선이 머리카락 경계선을 나타낸다.

윗면에 시멘트로 보이는 물질들이 나타나 있다.

①, ②는 분명한 시멘트로 보이며, ①은 검게 눈을 표시한 인물상을 나타내는 듯하다.

위 시멘트로 보이는 물질들이 인위적으로 덧붙여졌음은 두말할 나위가 없다. 그런데 ⑤는 주변과 색감만 다를 뿐, 이후에 덧붙여진 것이 아닌 원래의 표면임이 분명하다. 그런데 가까이 보면 굵은 입자들로 이루어진 곳도 있다.

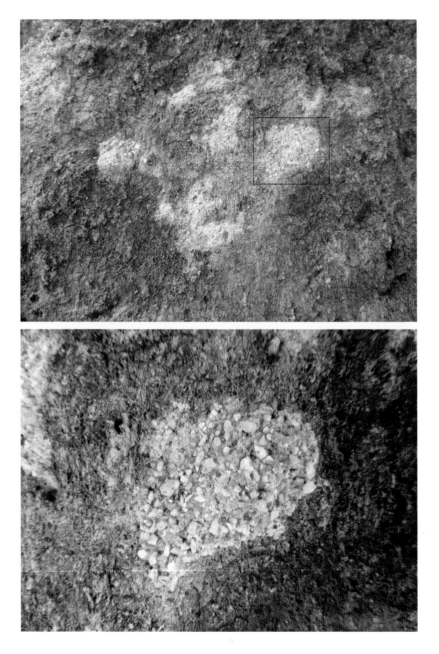

③도 굵은 입자로 이루어져 있는데, 주변의 접촉 부분을 보면 색감만 다를 뿐 원래의 표면과 다른 것으로 볼 수 없다.

④와 ⑥도 굵은 입자가 혼재한다.

모래의 굵은 알갱이와 같은 성분들로 이루어진 것을 응회암이라고 할 수 없다. 고창고인돌의 응회암으로 보이는 바위들이 사실 응회암이 아니며, 다른 물질이 입혀져 응회암처럼 보이는 것임이 증명된다.

④를 다른 방향에서 바라보면, 인물상임이 뚜렷하다.

흰색의 물질이 고인돌 표면을 이루며 생명형상을 나타내어, 고인돌에 다른 물질이 입혀졌다는 사실과 입혀지는 방식이 잘 나타난다. 색감을 첨가하면 다른 색감이 될 것이다.

  옆면의 깊게 파인 선에 시멘트와 유사해 보이는 물질이 나타나 있다. 선의 오목하게 파인 부분은 선이 인위적으로 그어졌음을 나타낸다. 이곳의 시멘트 유사 물질이 인물상의 모자 형태를 이루는 기능을 한다. 아래쪽을 나듬어 형태를 이루었고, 검은색의 구멍으로 눈을 표시한 인물상이 뚜렷하다.

  언제부터 이렇게 형성되어 있었을까?

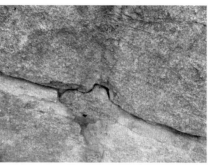

윗면에 나타난 형상을 보자.

선이 윤곽선을 이루었고 홈으로 눈과 입을 표시했다.

불완전한 형태지만 인물상으로 보이는데, 눈을 이루는 곳이 뚜렷한 인물상을 나타낸다. 다른 형상의 눈을 이루는 부분이 그 자체로 형상을 나타내는 것은, 종종 볼 수 있는 생명형상 표현법 중 하나다.

(2) 순천고인돌공원의 고인돌

순천고인돌공원에 옮겨져 있는 다음 고인돌을 보자.
세 원 안에 시멘트 유사 물질이 보인다.

①, ②, ③번 원 안과 주변에 몇 군데 시멘트 유사 물질이 덧붙여져 있는데,
앞에서 살펴본 대구 천내리고인돌 윗면에 나타나 있는 고인돌 표면을 이루고 있
던 흰색의 물질과 유사해 보인다.

이 물질들이 고인돌 윗면에 단순하게 묻은 것인지, 고인돌 표면을 형성하는지
살펴보자.

①번 원 안에 나타난, 뚜렷한 흰색의 시멘트 유사 물질의 검은색 부분은 고인돌 원래의 표면과 구별이 되지 않는다.

시멘트 유사 물질과 고인돌 표면이 구별되지 않는 것은 이 물질들이 고인돌 표면을 이루는 것과 같은 물질임을 의미한다. 이는 이 물질들이 이후에 덧붙여진 것이 아니라, 고인돌 조성 당시의 것임을 증명한다.

위의 시멘트와 유사한 흰 물질이 고인돌 표면을 이루는 것은 다음을 보면 더 명확해진다. 흰색의 시멘트 유사 물질이 보인다.

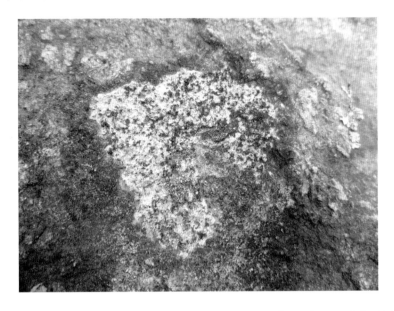

이와 연결돼 있어 같은 물질로 보이는 아래쪽을 보면, 고인돌 표면과 구분이 되지 않는다. 이후에 덧붙여진 것이 아니라 고인돌 표면을 이루는 것이다.

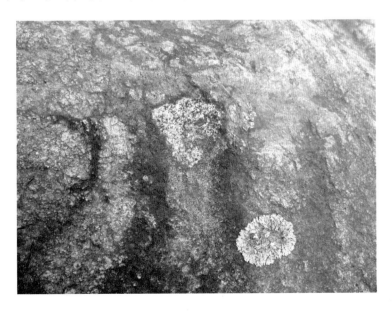

주변에 나타난 다음의 곳도 동일하다.

다음의 곳을 보자.

길게 회색의 물질이 주변과 구별되며 이어져 있는데, 윗부분과 아랫부분의 형태가 다르다.

위쪽 부분은 시멘트와 유사해 보이는 물질이다.

위쪽과 이어진 같은 성분의 회색 물질이 아래쪽에서 고인돌의 표면을 이루고
있다.

이처럼 시멘트와 유사해 보이는 물질이 고인돌 표면을 이루고 있는 것은 이 물
질들이 이후에 묻은 것이 아니라, 고인돌 조성 당시 표면을 입힐 때 함께 입혔음
을 의미한다. 이는 고인돌의 표면이 어떤 방식으로 입혀졌는지를 추정하게 한다.

②번 원 안의 흰색의 시멘트 유사 물질이 나타나 있는 곳을 보자. 조약돌이 부착돼 있다.

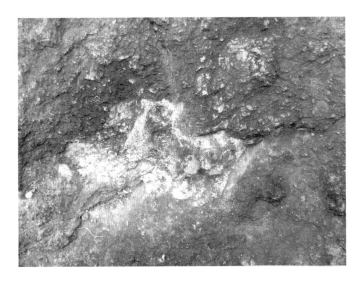

조약돌이 부착된 것은 흰색의 물질이 시멘트와 유사하게 작용하는 물질임을 증명한다.

조약돌의 부착은 이 물질들이 인위적으로 조성되었음을 증명하며, 또한 이 물질들이 고인돌 표면에 어떤 방식으로 입혀졌는지를 추론할 수 있게 한다.

그런데 좌측 조약돌 표면이 깨끗한 데 반해, 우측 조약돌 위에는 고인돌 표면의 색감과 같은 검은 물질이 나타나 있다.

유사하게 ③번 원 안에도 동일하게 조약돌이 부착돼 있고, 조약돌 위에 검은 물질이 보인다.

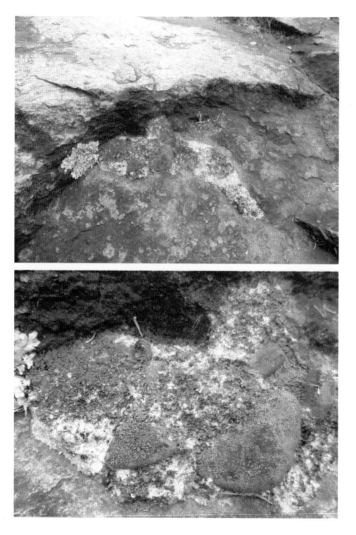

이는 고인돌을 조성하며 표면을 입힐 때, 조약돌 위에도 같은 물질을 입혔음을 의미한다.

이외에 다음의 곳에도 동일하게 조약돌이 부착돼 있고, 조약돌 위에 검은 물질이 나타나 있다.

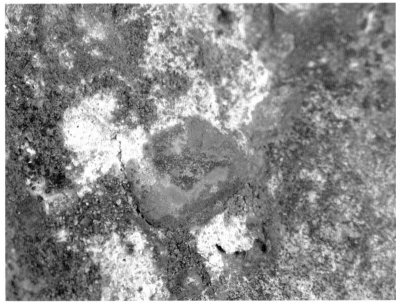

부착돼 있는 조약돌 위에 나타난 고인돌 표면과 유사한 색감의 물질들은 고인돌 표면에 다른 물질을 입힐 때 함께 입혔음을 의미한다. 이는 고인돌 조성 당시에 조약돌들이 부착되었음을 증명한다.

고창고인돌에 색감 없이 입혀진 흰 물질과 시멘트로 보이는 물질이 대비되듯 함께 나타나는 것과 순천고인돌공원의 고인돌에 특이하게 조약돌이 부착돼 있는 것은 고인돌에 다른 물질이 입혀졌음을 증명하고 있으며, 물질이 입혀진 방식을 잘 보여 준다.

이를 위해 이 고인돌들을 의도적으로 조성해 놓지 않았을까?

이 고인돌에도 앞에서 살펴보았던 특이 물질이 나타나 있다.
노란색, 흰색, 분홍색의 화학 합성물로 보인다.

분홍색 선이 두 인물상의 윤곽선을 이룬다.

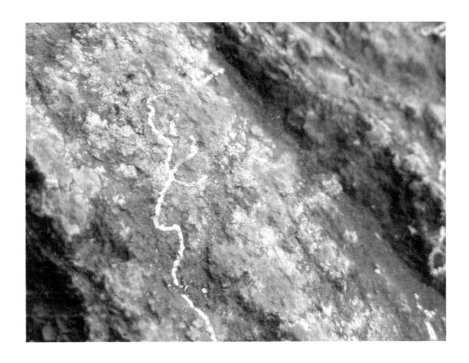

위 인물상을 다른 방향에서 바라보면, 표면의 홈이 눈을 표시하는 인물상이
나타난다.

순천고인돌공원에 옮겨진 고인돌의 무덤방 주위에 놓인 작은 바위 윗면에, 시멘트에 흰색의 돌들이 섞인 콘크리트로 보이는 물질이 붙어 있다.

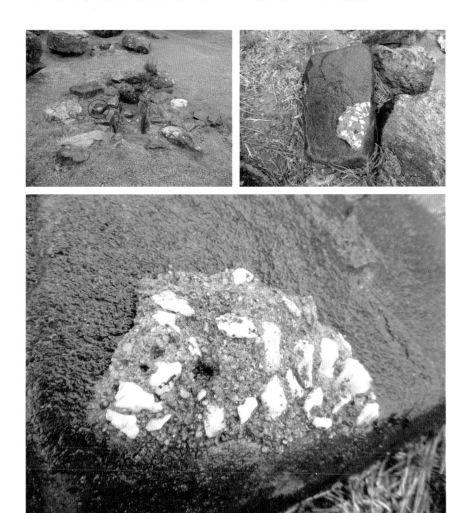

발굴 시에 사진을 찍고 원형을 그대로 복원했다고 전제하면, 발굴 이후 이 물질들이 우연히 묻은 것이 아닌 원래의 것으로 보인다.

이 물질이 고인돌 조성 당시의 원형이 맞다면, 고인돌 조성 당시에 시멘트와 유사한 물질이 있었음을 직접적으로 증명하는 또 하나의 물증이 된다. 시멘트는 수명이 짧으므로 시멘트와 다른 성분임도 자명하다.

5. 고인돌의 색감

앞에서 대구 이천동고인돌 표면에 나타난 연두색 색감을 입혀진 것으로 추정했는데, 유사하게 색감이 나타나는 고인돌이 있다.

(1) 대구 천내리고인돌

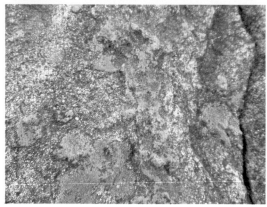

대구 천내리고인돌 군에서도 바위 자체의 색감이 연두색인 고인돌을 발견하였다. 이미 답사한 고인돌이지만 전에는 주목하지 못했는데, 확연히 눈에 띄었다. 연두색 표면이 돌출해 고인돌 전면에 걸쳐 여러 군데 나타나 있다. 연두색 표면이 자연적으로 나타나기 어려운 모습이어서, 표면이 연두색의 물질로 입혀진 것으로 해석하는 것이 타당해 보인다.

이 고인돌은 담장에 끼어 있다. 전체 표면이 검은빛인데 한 면의 아랫부분은 흰색이어서, 검은 색감이 입혀졌음을 나타낸다.

연두색이 형상의 눈을 이룬다. 연두색 색감이 형상을 표현하는 기능을 함을 알 수 있다.

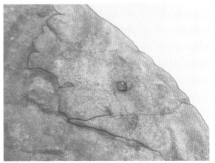

 뚜렷하지는 않지만 흰 부분이 얼굴을, 검은 색감이 머리카락을 나타내는 인물상으로 보인다. 연두색의 두 곳이 눈을 나타낸다. 고인돌의 형상이 지금껏 드러나지 않았을 징도로 자연스러워 보이고, 때로는 은밀하게 표현되어 있음을 감안하면, 인물상을 표현함이 분명하다.

앞 형상이 머리카락의 일부를 이루는 인물상이다. 눈을 나타내는 곳이 둥글게 다듬어져 연두색이 입혀졌고, 검은 물질은 머리카락을 표시한다.

색감이 생명형상을 표현하는 것에서 색감도 다양한 생명형상 표현법 중 하나임이 잘 드러난다.

(2) 순천 낙안읍성고인돌

　순천 낙안읍성고인돌에 대구 이전동, 천내리고인돌과 같이 연두색이 나타나 있다. 고인돌의 재질은 화강암이다.

윗면에 나타난 연두 색감이다.

반듯하게 다듬은 깨끗한 화강암에 연두 색감이 자연적으로 나타날 요인이 없다. 응회암이나 퇴적암이 아닌 화강암에 이런 색감이 나타나는 것은 인위적으로 표면을 입혔음을 나타낸다.

매끄럽게 다듬어지며 파인 면에 색감이 나타나 있다.

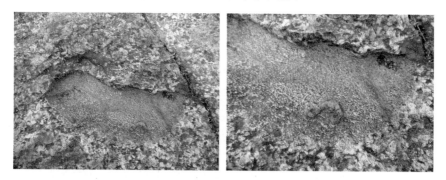

파인 표면이 얼굴을 나타내고, 연두 색감이 코와 입을 표시한다.

함께 전시되어 있는 다음 고인돌의 회색 표면에 작게 황토색이 드러나 있어, 표면이 입혀졌음을 나타낸다.

선이 형상의 입과 턱의 윤곽선을 그리고, 검은 색감이 눈을 나타낸다.

(3) 고창고인돌

고창고인돌공원의 고인돌로, 손 모양의 흰 부분은 밤색의 물질이 입혀졌음을
추정하게 한다.

이 고인돌의 다른 부분
은 회색을 띠는데, 이곳
에 돌연 나타나 있는 밤
색은 자연적으로 생성될
요인이 없어 보인다. 이
밤색이 바위구멍 안까지
이어져 있다. 바위구멍을
판 후 밤색의 물질을 입
혔음을 의미한다. 고인돌
에 자주 나타나는 밤색
이 인위적으로 조성되었
음이 잘 드러난다.

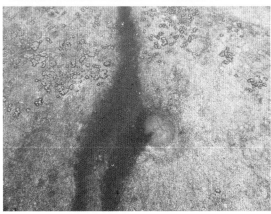

(4) 보성 죽산리 하죽고인돌

앞에서 고인돌에 나타난 녹슨 듯한 색감이 사람에 의한 것임을 보았는데, 순천고인돌공원에 옮겨진 보성 죽산리 하죽고인돌에도 녹슨 듯한 색감이 나타나 있다.

생명형상이 뚜렷하다.

반대 면의 색감이 다르며, 녹슨 듯한 색감이 여러 곳에 나타나 있는데, 표면
에 색감이 입혀졌음을 나타낸다.

녹슨 듯한 무늬가 눈을 나타내는 형상이다.

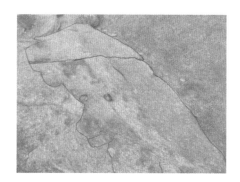

고인돌 표면에 다양한 색감이 입혀져 형상을 표현하고 있음이 분명해졌다.

6. 바위구멍의 조성 시기

(1) 옥천 오대리고인돌

1장에서 살펴보았던 옥천 선사공원에 있는 옥천 오대리고인돌에 파인 바위구멍을 보자. 비가 내린 후 물이 고여 있다.

원석이 검은색으로 보이는 고인돌 표면에 황토색의 물질이 매우 얇게 입혀졌음을 볼 수 있다.

그런데 깊게 파인 바위구멍의 색감은 모두 황토색으로 입혀진 물질의 색감과 같다. 이는 앞에서 설명했듯이 바위구멍을 판 후 표면을 입혔음을 의미해, 바위구멍이 고인돌 조성 당시에 새겨졌음을 입증한다.

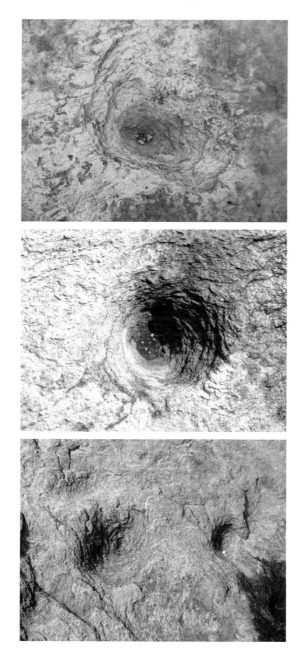

형상의 두 눈을 나타내는 듯한 황토색의 바위구멍을 반대 방향에서 보면, 인
물상의 두 눈을 나타냄이 뚜렷하다. 선으로 입을 표시하고, 물이 윗부분 윤곽
선을 이룬다.

바위구멍을 파기 전에 색을 입혔는지, 판 후에 입혔는지를 구분하는 방법을 다음 고인돌에서도 추론할 수 있다.

윗면과 밑면이 확연히 달라서 윗면이 검은 색감의 물질로 얕게 입혀졌음을 나타내는 고창고인돌을 보자.

'ㄱ' 형태로 반듯하게 잘랐는데, 잘린 부분이 다른 부분과 색감이 동일하다. 사르기 전에 색감을 입혔다면 지른 후 단면이 다른 부분과 달라야 하는데, 그렇지 않다. 자른 이후 색을 입혔음이 명확하다.

바위를 자르기 전에 표면을 입혔는지, 자른 이후 입혔는지 판별이 가능하듯이, 유사한 방법으로 바위구멍을 새기기 전에 표면을 입혔는지 새긴 이후 입혔는지 판별이 가능한 것이다.

(2) 보령 관창리고인돌

윗면과 아래 깨진 부분의 색깔이 달라 표면이 입혀졌음을 나타낸다.

윗면에 바위구멍이 새겨져 있는데, 얕은 선이 깊게 파인 바위구멍 안까지 이어져 있어, 바위구멍이 고인돌 조성 당시에 새겨졌음을 나타낸다.

앞에서 이미 살펴보았듯이 고인돌에 나타난 선은 고인돌 조성 당시에 그은 것이며, 이 선이 바위구멍 안까지 이어진 것은 바위구멍이 고인돌 조성 당시 새겨졌음을 의미한다.

위 바위구멍이 한 눈을, 사각형 홈이 입을 이룬 인물상이다.

앞 형상을 포함하고 있는 인물상으로, 형상이 중첩되어 있음을 알 수 있다. 앞 형상과 눈은 동일하며, 앞 형상의 입을 나타내는 사각형 홈이 코를 이룬다.

같은 지점을 햇빛이 강할 때 바라본 것으로, 뚜렷한 바위구멍에도 불구하고, 알아보기 어려울 정도로 형상이 나타나지 않는다. 햇빛이 강한 대낮에는 형상을 볼 수 없다는 것인데, 밤에 형상이 보이지 않는다 하여 형상이 없는 것이 아니듯이, 햇빛에 따라 달라진다 하여 형상이 새겨지지 않았다고 할 수 없다.

위 형상이 나타난 곳을 다른 방향에서 바라보면 위 형상의 긴 눈이 입을, 바위구멍과 네모 홈이 눈을 표시한 인물상이 나타난다.

또 다른 방향에서 보면 바위구멍이 입을 나타내며, 네모 홈과 다른 홈이 두 눈을 표시하는 인물상이다.

하나의 바위구멍이 여러 방향으로 다양하게 형상을 이루는 기능을 한다는 것이 잘 나타난다.

바위구멍과 유사한 홈이 두 눈과 입을 표시한다. 위의 바위구멍 형상처럼 햇빛이 강한 대낮에는 형상이 거의 나타나지 않는다. 어느 시점에만 이처럼 뚜렷한 형상이 나타나는 깃은 햇빛에 따른 명암을 정확히 반영해 표년을 다듬었음을 의미한다.

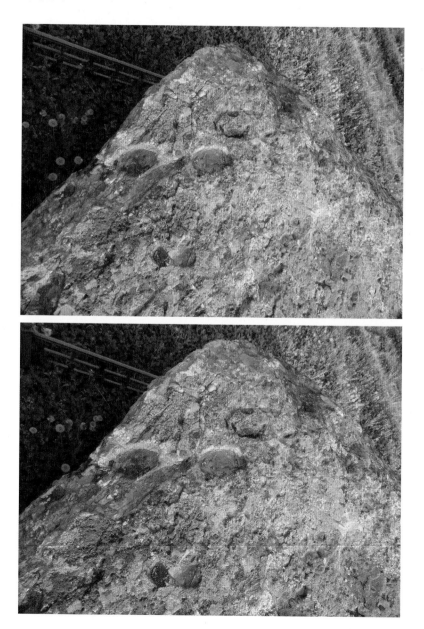

(3) 고성 두포리고인돌

고성 송학동 고분군 내
에 옮겨져 있다. 윗면과 밑
면의 색감도 달라 표면이
입혀졌음을 입증한다.

깨진 부분에 원석이 드
러나 있다.

깨진 부분에 드러난 원석의 색감이 윗면과 다르며, 밑면과도 달라 윗면과 밑면이 모두 입혀졌음을 증명한다.

안내판의 내용을 보자.

"이 지석묘의 특징은 30여 개의 홈구멍(성혈)이 있으며, 크기는 가로 2.5㎝, 세로 2.5㎝로 전
국에서 보기 드문 고인돌로 일곱 개의 성혈은 북두칠성을 나타내는 별자리인 듯하다."

살펴보니 바위구멍(홈구멍, 성혈)의 크기가 일정하지 않은데, 모두 동일한 듯이
표기돼 있어 안내판에 수정이 필요하다. 북두칠성으로 볼 수 있는 것이 있는데,
다수의 혼재된 바위구멍과 함께 섞여 있어 찾기가 어려웠다.

윗면에 새겨진 바위구멍 내부의 색감이 주변 표면과 다르며, 깨진 부분에 나
타난 원석과 같다. 이는 옥천 오대리고인돌과 달리 색감이 입혀진 후 바위구멍
을 새겼음을 의미한다.

표면이 입혀진 고인돌이라 하더라도 표면을 입힌 이후 바위구멍이 새겨지고 바위구멍 안에 고인돌의 원석이 드러난 경우, 바위구멍이 고인돌 조성 당시에 새겨진 것인지 후대의 것인지 분별할 수 없게 된다.

이처럼 표면이 입혀졌더라도 바위구멍의 색감이 원석과 같아서 고인돌 조성 당시에 바위구멍을 새겼는지 후대에 새겼는지 알 수 없는 경우, 이를 알 수 있는 다른 방법은 바위구멍에 지나는 선이다.

두포리고인돌에도 바위구멍에 선이 지나고 있어, 바위구멍이 고인돌 조성 당시에 새겨졌음을 입증한다.

깊게 파인 바위구멍에 얕게 새겨진 선이 끊어지지 않고 지나고 있다.

바위구멍을 지나는 선과 바위구멍이 어우러져 형상을 이루고 있다.

바위구멍을 지나는 선이 윤곽선을 이루고, 바위구멍이 눈과 입을 표시한다.

작은 바위구멍이 형상의 뒷면 윤곽을 형성하며, 형상의 앞면 아래쪽에서 선으로 연결돼 윤곽선을 이루고 있다.

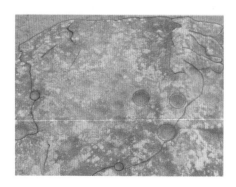

위의 곳을 다른 방향에서 보면, 마찬가지로 바위구멍을 지나는 선이 얼굴 앞쪽의 윤곽선을 그리는 형상이 나타난다. 하나의 선과 바위구멍이 중첩된 여러 인물상을 새기고 있음이 잘 드러난다. 빛과 방향에 따라 다른 느낌의 형상이 나타난다.

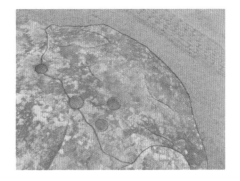

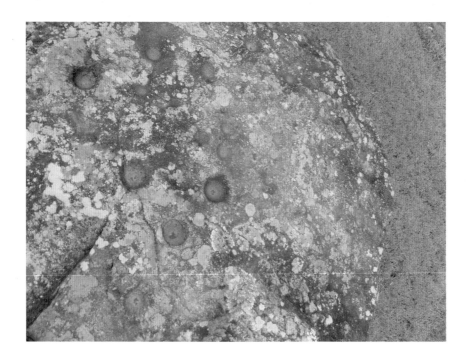

바위구멍이 두 눈과 코, 입을 이루었다.

두 바위구멍이 눈을 나타내고, 홈의 선으로 입을 표시했다.

표면의 층이 이룬 선이 윤곽선을 나타내고, 두 바위구멍이 눈을 이루었다.
검은 색감이 나타난 곳이 입을 표시한다.

입을 이루는 곳에 나타난 검은 색감이다.

(4) 북한 고인돌의 바위구멍

황해남도 은천군 정동리 우녕동고인돌에 북두칠성이 선명하다.

(사진: 이종호, 〈5천년을 거슬러 올라가는 고인돌 별자리〉, 싸이언스타임지)

사진이 선명하지 않아 바위구멍과 주변의 색감의 구분이 어려워 바위구멍이 고인돌 조성 당시에 새겨졌는지, 후대에 새겨졌는지 파악이 어렵다.

　　바위구멍이 인물상의 눈을 표현함이 뚜렷해, 바위구멍이 고인돌 조성 당시에 새겨졌음을 나타낸다. 색감과 선을 활용하지 않고도 생명형상이 뚜렷하게 표현된 경우, 바위구멍이 고인돌 조성 당시에 새겨진 것으로 간주할 수 있다.

　　바위구멍이 별자리와 형상을 동시에 나타내는데, 이것이 가능하기 위해서는 고도의 사고력과 이를 구현할 수 있는 고도의 기술력이 요구된다.

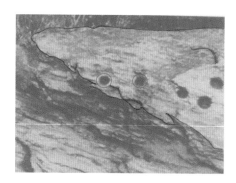

바위구멍이 입을 나타내며, 조그마하게 판 바위구멍이 한 눈을 이룬다.

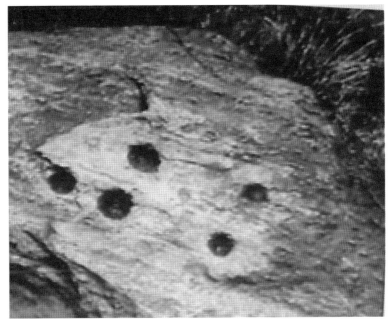

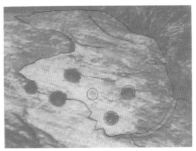

이처럼 분명한 인물상이 쉽게 파악되는 바위구멍이 새겨진 고인돌이 남쪽에는 많지 않다. 별자리가 발견된 고인돌이 여러 기라 하므로, 북쪽에는 다수 배치돼 있을 것으로 추정된다. 인물상이 표현된 것을 쉽게 파악할 수 있는 바위구멍이 새겨진 고인돌이 북쪽에 많다는 것인데, 이유가 있을까?

북한의 이 고인돌들을 답사할 수 있었다면, 더 빨리 고인돌이 생명형상을 표현하고 있음을 확정지을 수 있었을 것이다. 배치에 어떤 의도가 있었는지 알 수 없지만, 결과적으로 고인돌에 생명형상이 새겨져 있음이 밝혀지는 데 시차가 발생하였다.

(5) 고인돌 후대의 바위구멍

바위구멍(성혈)은 고인돌 후대의 유물에도 나타난다.

"성혈은 주로 고인돌에 새겨져 있지만, 선돌, 자연암반 등에도 나타난다. 간혹 비석이나 석
탑, 초석 등 후대의 것에 성혈이 새겨져 있는 경우도 있다."

- 박창범, 『하늘에 새긴 우리역사』(서울:김영사, 2002), 99쪽

바위구멍과 쐐기홈이 함께 나타나 있는 유물이 있다.

서울 종로구 종묘공원에 해시계의 받침대가 놓여 있다. 안내판에 "세종16년
(1434)에 세워졌던 해시계는 임진왜란을 거치면서 사라지고, 그 받침대만 남아
있다."라고 되어 있는데, 여기에 바위구멍이 나타나 있다.

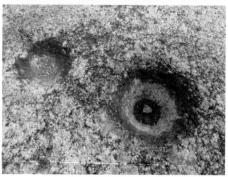

나라에서 세운 해시계의 받침대에도 바위구멍이 뚜렷해, 단순히 민간 신앙과
의 관련성을 논할 수 없을 것이다.

윗면에 쐐기홈이 새겨져 있다. 바위를 자르기 위함이 아님은 분명하다.

앞에서 쐐기홈이 표시의 기능을 한다고 했는데, 이 쐐기홈도 표시를 위해 새겨진 듯하다. 바위구멍과 쐐기홈이 함께 있어, 바위구멍과 쐐기홈이 여전히 한 묶음으로 취급된다. 여기에서는 표시라는 동일한 용도로 새겨진 것이라고 추측된다.

조선 시대에 왕명으로 세운 해시계 받침대에 바위구멍과 쐐기홈이 함께 나타나 있는데, 그 의미는 무엇일까? 관리가 명령한 것이 아니라면, 석공이 새긴 것을 관리가 수용한 것일 수 있다. 석공들이 바위구멍과 쐐기홈을 고인돌에서와 동일한 관점에서 새긴 것인지, 아니면 단순히 이어져 오는 관습에 따라 새긴 것인지는 불분명하며 추후 연구가 필요해 보인다.

7. 결언

고인돌의 표면이 다른 물질로 입혀졌음이 확인되었다. 시멘트와 형태나 사용 방식이 유사한 물질을 표면에 입혀 고인돌 표면의 형태나 색감을 변화시켰으며, 이를 통해 다양한 방식으로 생명형상을 표현하고 있다.

고임돌에 고인 고인돌 대부분이 윗면과 밑면의 색감이 달라, 표면에 다른 물질이 입혀졌음을 볼 수 있었다. 여기에서 많이 다루지는 않았지만, 고임돌에 고여 있지 않은 경우에도, 옆면과 밑면의 접촉 부분에 서로 다른 색감이 혼재해 표면이 입혀졌음을 알 수 있는 고인돌이 많았다.

높이 고인 강화나 고창 도산리고인돌 밑면은 그렇지 않지만, 낮게 고여 표면이 입혀진 고인돌의 밑면은 대부분 황토색 계통의 밝은색이었다. 드물게 아주 흰색도 있지만, 대부분 황토색과 유사하며 이 점은 전국의 고인돌이 유사한 듯하다. 이는 전국의 고인돌이 동일 주체에 의해 일관된 원칙하에 조성되었음을 의미한다.

고인돌에 입혀진 물질을 통해 고인돌의 표면이 입혀졌음을 확인할 수 있었다. 그러나 입혀진 물질을 굳이 확인하지 않더라도 표면이 변한 고인돌의 윗면과 밑면의 색이 다르며, 밑면이 대부분 옅은 황토색과 유사한 밝은색이어서 표면이 변했음을 쉽게 확인할 수 있다.

고인돌에 용이하게 생명형상을 새기고 나타낼 수 있도록, 고인돌 표면을 변화시켰음이 입증되었다. 이를 통해 다양한 방식으로 생명형상이 새겨져, 생명을 표현하고 있다.

1부 글을 마치며

많은 고인돌이 현존함에도 그 실체를 파악하지 못한 이유는 무엇일까?

과거 과학 문명이 발달하지 않았을 때는 이를 이해하기 어려웠을 것이며, 과학 문명이 발달한 때를 기다렸을 것으로 판단된다. 접착 물질이나 합성 물질에 대한 인식이 높아진 지금은 고인돌에 나타나 있는 여러 현상을 이해할 준비가 갖추어진 듯하다.

그런데도 현재까지 고인돌의 실체가 드러나지 않음은 과학적 사고의 배타성도 큰 이유로 생각된다.

과학의 발달에 따른 과학적 사고는 검증된 사실만을 인정함으로써 미신과 사이비를 타파하고, 합리적 사고를 하는 데 많은 기여를 했음은 주지의 사실이다. 이에 따라 과학적 사고는 과학계뿐만 아니라, 인문학, 사회학 분야에도 깊게 자리 잡았다. 이처럼 과학적 사고가 깊게 자리 잡은 지금, 큰 한계점도 있는 듯하다. 그것은 공식적으로 인정된 것만 논의의 대상으로 삼고 밝혀지지 않은 모르는 것은 모두 제외하게 된다는 점이다. 이렇게 공식적으로 인정된 아는 사실만 이야기하다 보니 모르는 것이 없는 것과 같게 된다.

이는 학문 분야에서 새로운 이론을 배척할 큰 명분으로 작용한다.

새로운 것은 아직 밝혀지지 않은 상태이기 마련인데, 아직 밝혀지지 않았으므로 논외로 취급해도 아무런 문제가 되지 않는다. 답변이 곤란하면 그냥 무시하면 되는 것이다. 이런 사조는 실험으로 증명하는 과학계는 크게 문제가 되지 않을 수 있으나, 그렇지 않은 인문과 사회 분야에서는 큰 지장을 초래할 소지가 있다.

이런 사조가 일반 대중에게까지 널리 번지며, 사람들이 겸손에서 점차 멀어지는 노정에 있는 것으로 보인다. 아는 것만 이야기하고 모르는 것은 무시하면 되니, 당연히 도달하게 되는 결과다.

독서는 겸허에서 출발한다. 배우려는 자세가 독서로 이끄는 것이다. 스스로 웬만한 것은 잘 알고 판단한다고 생각하니 책을 읽지 않게 된다. 여유 시간을 공부보다 나태함에 젖어 있고, 여행을 해도 배우기보다 즐기기만을 중시하며, 삶에서 더 찾아야 할 진리는 없는 것처럼 행동하게 된다.

현대 과학 수준으로 충분히 이해할 수 있음에도 고인돌의 실체가 드러나지 않은 이유는 이처럼 과학의 배타성이 학문 분야에 깊숙이 자리 잡고, 일반 대중까지 그 영향에서 자유롭지 못하게 되었기 때문으로 보인다.

'자연의 신비'라는 말 또한 고인돌의 진실이 드러나는 데 걸림돌이 된 듯하다.
사람은 전적으로 자연에 의존해 살아가므로 자연은 신비를 넘어 삶 그 자체라 할 수 있다. 자연의 여러 현상이 신비하게 여겨짐은 당연하지만, 바위에 나타난 이해할 수 없는 여러 현상을 모두 자연의 신비로 해석함은 큰 문제를 지니고 있다. 물리적으로나 과학적으로 형성되기 어려워 보이는 현상을 모두 자연의 신비로 간주하고 더 이상 연구하지 않게 되기 때문이다.

그러나 자연은 많은 부분에서 일정한 패턴을 보이며, 따라서 과학적 연구도 가능하다고 볼 때, 여기에 크게 벗어난 현상조차 자연적 현상으로 받아들임은 문제가 있다. '자연의 신비'라는 규정이 바위에 나타난 인위와 자연적 현상을 구분하지 못하게 하는 결과를 가져오는 것이다. 바위에 관한 한 '자연의 신비'는 오히려 '자연의 전도'가 적합한 표현으로 보이므로, 자연적 현상인지 인위적 현상인지 사안별로 판단해 볼 필요가 있다.

사람도 자연의 일부이므로, 사람이 행한 것도 자연이 행한 것과 다를 바 없다.

고인돌의 생명형상이 드러난 시점도 중요하다고 생각된다.

필자는 책을 준비하는 과정에서 평범한 사람이 이 일을 하게 된 데 크게 의아하게 생각한 적이 많다. 사안이 얼마나 중요하고 파급력이 큰 일인지 느껴지기 때문이었다.

이렇게 중요한 내용이 드러나는 책을 마무리하는 시점에 신종 바이러스가 나타나 크게 번지고 있으며, 시차를 두고 더 크게 번질 수도 있다고 하니, 이와 관련이 있는지 궁금하지 않을 수 없다.

정확한 시기는 언급하지 않았지만, 20세기에서 21세기로 넘어가는 시점인 1999년을 겨냥한다고 알려졌던 동서양의 종말론 예언이 많이 있었으나, 그 시간이 지나갔다. 마야 문명에 따른 2012년 예언도 지나갔다.

성경에도 말세가 언급돼 있는데, 말세 징후의 하나로 전염병의 유행을 들고 있다. 예수는 2000년 전에 말세를 이야기하며 때가 가깝다고 하였다. 이 정도의 긴 시간을 두고 교화하여야 사람들의 인식이 향상돼 큰 변화의 시점을 지나고 새 시대를 맞이할 수 있기 때문은 아닐까?

프랑스 쇼베 동굴, 구석기 시대에 그림을 그린 후 대략 6000년 후에 누군가 다녀간 흔적이 있다 하니, 2천 년의 시간이 터무니없이 긴 시간이 아님을 알 수 있다.

성경에 나오는 바벨탑 이야기는 신종 바이러스의 유행 이후의 세계 전망과 유사성이 있는 듯하다.

바벨탑 이야기에서 교만해진 인류를 서로 언어를 다르게 하여 흩트러 놓는데, 미래 전문가들이 예견하는 코로나19 이후 인류 사회의 모습도 이와 흡사한 점이 있다.

성경 전도서에 다음 글이 나온다.

"이미 있던 것이 후에 다시 있겠고 이미 한 일을 후에 다시 할지라. 해 아래에는 새것이 없나니 무엇을 가리켜 이르기를, 보라 이것이 새것이라 할 것이 있으랴? 우리가 있기 오래전 세대들에도 이미 있었느니라. 이전 세대들이 기억됨이 없으니 장래 세대도 그 후 세대들과 함께 기억됨이 없으리라."

성경의 말세 시기를 특정하기 어려운 점은 여전히 남는다.

그런데 우리나라의 예언 중 시기를 특정했으며, 그 시기가 경과하지 않은 예언이 있다.

그 해석이 맞는지 알 수 없으나 신종 바이러스의 발생 주기가 짧아지고 있다고 하므로, 맞지 않을 경우에도 크게 문제가 되지 않게 행동한다는 전제하에 살펴볼 필요가 있다.

『성자들의 예언』(류인학, 자유문학사, 1995.)이란 책이 있다

이 책의 해석에 따르면 남사고의 격암유록에 다음과 같이 예언되어 있다고 한다.

"1998년경부터 2023년 사이에 인류사에 유례 없는 큰 환란이 닥쳐온다."

격암유록은 책에 수록된 많은 예언이 정확히 들어맞아 위작이라는 주장도 있는 비중 있는 예언서다. 예언에 등장하는 기한은 아직 남아 있는데, 지난 시간을 제외하면 올해와 내년 사이에 큰 환란이 일어난다는 예언이다.

이 시점에 신종 바이러스인 코로나19가 크게 번지고 있으니 격암유록의 예언과 관련이 있는지 살펴볼 필요가 있다.

예언에 대한 다음의 정의가 있다.

"예언이란 삼각형에서 두 변의 길이를 알면 나머지 한 변의 길이를 알게 되는 것과 같은 이치이다(『청산선사』, 고남준, 정신세계사, 234쪽)."

격암유록의 예언과 코로나바이러스의 대유행은 두 변의 길이를 아는 것과 같은 것일 수 있다.

필자는 개인적으로는 전혀 확신할 수 없다. 직접적으로 확실하게 아는 것이 없기 때문이다. 그러나 비중 있는 예언서인 격암유록의 예언과, 대처하기 어려운 신종 바이러스의 유행이라는 현 상황이 어느 정도 일치하는 것으로 판단되므로 대비를 하고자 하는 것이다.

또한, 산에서 문명의 대변혁을 예견하는 것으로 추측되는 형상을 발견했기 때문인데, 이에 대해서는 전작에서 살펴보았다.

크게 대두되는 신종 바이러스의 유행에 내비책이 필요한 시점이다.

코로나19 백신과 치료제 개발에 몇 년이 걸린다고 하고, 새로운 바이러스가 나오면 다시 백신과 치료제를 개발해야 한다니, 면역력을 기르는 것이 가장 중요한 과제로 등장하고 있다.

새롭고 강한 신종 전염병이 등장할 수도 있다.

숙주가 죽으면 자기도 죽게 되니 '전염성이 높아지면 독성이 약화된다.'라는 것을 지금까지의 경험에서 확인할 수 있다. 그러나 바이러스가 계속 이처럼 작동할지 알 수 없다.

인류는 지구가 오염되면 스스로 생존이 어렵다는 것을 잘 알면서도 지구 생태에 해를 끼치는 삶을 지속하고 있다. 인류를 보면 바이러스가 그처럼 합리적이기만 할지 의문이다.

이론적으로 보면, 독성이 약한 지금까지는 길지 않은 기간 동안 유행하다 사라졌다. 그러나 전염성과 독성이 함께 강해져 의료진의 피로가 누적되며 면역력이 약화되면 의료진 사망자가 늘어나고 활동력이 크게 위축될 것이다. 많은 인구수를 감안하면 숙주의 부족 없이 더 많은 전파를 이룰 수 있게 된다. 의료진이 먼저 희생된다면 이후는 속수무책이 될 수밖에 없다.

높은 전염력과 독성을 함께 지닌 바이러스의 출몰에 대비해 면역력을 높이는 생활이 필수가 된듯하다.

격암유록에는 환란에 대한 대비책도 제시되어 있다.

그 구체적 내용을 정확히 해석해 내고, 황금만능주의와 무한 욕망 긍정의 시대에 이를 어떻게 적용해 실천해 나갈지가 중요한 과제로 보인다.

이러한 시점에 드러나는 고인돌과 출토유물의 사람형상은 필자가 전혀 의도하지 않았지만, 마치 시기를 맞춘 듯한 느낌이 드는 것은 어쩔 수 없다.